언제나 대림 시기

Preparing for Christmas with Richard Rohr: daily reflections for Advent.
Copyright ©2008, Richard Rohr. All rights reserved.
Published by Franciscan Media

언제나 대림 시기

교회 인가 서울 대교구 | 2022년 11월 11일
초판 1쇄 | 2023년 11월 1일
초판 2쇄 | 2023년 11월 29일

지은이 | 리처드 로어
옮긴이 | 이상호
표지 / 내지 디자인 | 박선영

펴낸이 | 김상욱
만든이 | 이상호
만든곳 | 프란치스코 출판사(제2-4072호)
주 소 | 서울 중구 정동길9
전 화 | (02) 6325-5600
팩 스 | (02) 6325-5100
이메일 | franciscanpress@hanmail.net
홈페이지 | https://blog.naver.com/franciscanpress
인쇄 | 유진보라

ISBN 978-89-91809-45-1 93230
값 12,000원

언제나
대림 시기

리처드 로어 지음
이상호 옮김

◆◆◆ 차례

서문 9

◆ 대림 제1주간

대림 제1주일
오십시오, 주 예수님 ·············· 16

월요일
내면의 공간 만들기 ·············· 20

화요일
우주적 그리스도 ················ 24

수요일
지상의 하느님 나라 ·············· 28

목요일
당신의 나라가 오소서 ············ 32

금요일
하느님의 진리를 인정함 ·········· 37

토요일
급진적인 개혁가, 예수 ············ 41

◆ **대림 제2주간**

대림 제2주일
내려감의 대가 세례자 요한 ······ 46

월요일
어둠 속에서 기다림 ················· 50

화요일
신앙으로 돌아가기 ················· 54

수요일
복음의 필요성 ·························· 58

목요일
큰 사랑과 큰 고통 ····················· 62

금요일
풍요의 전형, 마리아 ················· 66

토요일
적은 것이 더 많다 ···················· 70

♦ 대림 제3주간

대림 제3주일
성령과 관련하여 76

월요일
비 이중적 사고 79

화요일
하느님을 본받음 83

수요일
자아상 87

목요일
구하는 것이 발견하는 것이다 92

금요일
행동에 대한 편견 96

12월 17일
고통받는 사람들의 권위 100

♦ **대림 제4주간**

대림 제4주일
　마리아와 요셉의 무모한 신앙 ········ 106

12월 18일
　말씀을 열기 ···································· 110

12월 19일
　사회적 수용의 입장에 서서 ··········· 114

12월 20일
　하느님의 뜻에 대한 열망 ··············· 118

12월 21일
　참된 종교 ······································ 122

12월 22일
　권력, 명예, 소유 ···························· 125

12월 23일
　직면, 전환, 위로 ···························· 129

12월 24일
　모든 것이 준비됨 ·························· 134

12월 25일
　무릎 꿇을 분 ································· 137

서문

몇 년 전 나는 "성탄절 준비"에 관한 강좌를 열었다. 성 안토니오 출판사가 친절하게도 이를 음반으로 내주었다. 오랫동안 판매가 잘 되자 이번에는 책으로 출판하자고 제안했다. 이 소책자가 그 결과물이다.

강의에서 나는 사람들이 성탄을 단지 감상적으로 "아기 예수님을 기다리는 것"에 그치는 것이 아니라 그리스도 안에서 사람이 되신 하느님의 메시지를 우리 삶 속에서 성숙하게 살아가도록 초대하려고 했다. 우리 프란치스칸들은 언제나 하느님 말씀의 **"육화肉化는 이미 구원"**이라고 믿어왔다. 하느님께서는 이미 예수님의 탄생에서 **"사람이 되는 것이 좋은 것이고, 하느님은 우리 편"**이라고 말씀하셨기 때문이다.

그 강좌에서 나는 성인成人 그리스도교와 예수님의 실제 메시지가 이 세상에 너무도 시급하지만, 성탄절의 이 큰 잔치와 성탄을 준비하는 대림 시기에 어떤 식으로든 찬물을 끼얹어서는 안 된다고 느꼈다. 20년이 지난 지금, 그 느낌은 더욱 간절해졌다. 예수님은 당신의 메시지를 "하느님의 통치" 혹은 "하느님 나라"의 도래라고 부르셨다. 하지만, 우리는 종종 승복과 직면, 성숙 또는 성경 공부나 예수님의 실제 가르침에 관해 우리에게 거의 어떤 요구도 하지않는 아기의 달콤한 오심에만 만족했다. 과장된 감정으로 정의되는 감상은 인간관계에서 보듯이 실제 관계를 회피하거나 대체하게 만든다.

대다수 가톨릭 신자들은 자신을 실제로 변화시키거나 자신의 자아를 들여다 볼 힘이 거의 없는 사적이고 경건한 헌신을 위해서, 성경이나 하느님의 말씀을 피하려는 유혹이 우리 가운데 끊임없이 있다는 것을 인정해야 한다. 하지만 하느님의 말씀은 순차적으로 먼저 우리를 **대면하고**, 그다음 **전환시키며**, 마지막으로 우리를 **위로한**

다. 이 지구상의 고통과 불의, 파괴는 이제 어린아이 같은 복음이나 어린아이 같은 예수님만으로 감당하기에는 너무 크다. 정말로, 그것은 항상 사실이었다.

"예수님은 모든 피조물의 주님이시다!" 이것은 초대 교회부터 이어지는 한결같은 외침이었다(필리 2,11; 사도 2,36; 로마 1,4 등). 우리가 성경의 마지막 구절인 "오십시오, 주 예수님!"(묵시 22,20)이라고 말하는 것은 바로 이 성인成人이자 우주적인 그리스도에게 향하는 것이다. 이것이 우리의 모든 삶과 교회의 삶을 하나의 거대한 "대림"으로 만들어 준다. 이 작은 책이 같은 역할을 할 수 있기를 희망하고 기도한다. 모든 날이 끝나는 순간까지 언제나 대림 시기라는 것을 기억하자.

평화와 선
리처드 로어 O.F.M.

대림
제1주간

대림 제1주일

가해

이사 2,1-5 ▪ 로마 13,11-14 ▪ 마태 24,37-44

나해

이사 63,16ㄹ-17.19ㄷㄹ.64,2ㄴ-7 ▪ 1코린 1,3-9

마르 13,33-37

다해

예레 33,14-16 ▪ 1테살 3,12-4,2

루카 21,25-28.34-36

그러니 너희도 준비하고 있어라.
너희가 생각하지도 않은 때에
사람의 아들이 올 것이기 때문이다.

(마태 24,42)

오십시오, 주 예수님

대림절의 전언인 "오십시오, 주 예수님"은 모든 그리스도교 역사가 일종의 의도적인 비움이나 아직 성취되지 않은 것을 선택하여 살아야 한다는 것을 의미한다. 완전한 충만함은 언제나 올 것이고, 우리는 지금 그것을 요구할 필요가 없다. 이는 삶의 영역을 넓게 열어주고, 특히 우리 자신보다 은총과 하느님께서 창조하시는 미래에 열려있게 한다. 이것이 바로 복음이 우리에게 촉구하는 "깨어 있으라"는 의미이다! 우리는 또한 대림절에 대해 "a"로 시작하는 다른 단어를 쓸 수 있는데, 알아차리다(aware), 살아있다(alive), 주의를 기울여라(attentive), 경계하라(alert), 깨어 있으라(awake)이며, 모두 적절하다. 대림절은 무엇보다도 완전한 의식에 대한 요청이자 의식의 정점에 대한 예고이다.

우리가 서로에게 만족을 요구할 때, 우리의 조건에 따라 역사에 어떤 완성을 요구할 때, 우리의 불안이나 어떤 불만을 없애달라고 요구할 때, 우리는 "왜 당신은 나에게 이렇게 해주지 않습니까? 어찌하여 인생은 내 뜻대로 흘러가지 않습니까?"라고 말하면서 정작 "오십시오, 주 예수님"이라고 말하기는 거부하고 있다. 바로 우리는 하느님께서 언제나 주시는 **완전한 그림**(full picture)을 거부하고 있다.

"오십시오, 주 예수님"은 희망의 덕德으로 불리는 일종의 자유와 승복으로 도약하는 것이다. 희망의 신학적 덕행은 개방되어 있고, 해결되지 않아도 여전히 만족할 뿐 아니라 심지어 행복하게 하는 끈기 있고 믿음직한 의지이다. 왜냐하면 우리가 만족할 분은 이제 다른 차원에 있고, 우리의 근원이신 분은 우리 자신을 초월하기 때문이다. 우리는 예수님이 우리의 과거와 개인적인 궁지 그리고 고통받는 세상에 오셨듯이 다시 **오실** 것이라고 믿을 수 있다. 그러면 그리스도교의 과거는 그리스도교의 서막이 되고, "오십시오, 주 예수님"은 절망의 외침이 아니라 우주적 희망의 확실한 환호가 된다.

성찰

예수님의 오심을 더 잘 준비하기 위하여 내가 내려놓아야 할 삶의 기대와 요구는 무엇인가?

대림 제1주간 월요일

이사 2,1-5 (가해 이사 4,2-6) ▪ 마태 8,5-11

주님,

저는 주님을

제 지붕 아래로 모실 자격이 없습니다.

그저 한 말씀만 해주십시오.

그러면 제 종이 나을 것입니다.

(마태 8,8)

내면의 공간 만들기

 미국의 독립 선언문은 우리가 행복을 추구할 "양도할 수 없는 권리"를 가지고 있다고 말한다. 하느님은 우리를 "이 세상과 다음 세상에서" 행복하고 기쁘게 살도록 창조하셨고, 예수님께서도 요한복음 14~17장에서 같은 말씀을 여러 번 하신다. 독립 선언문의 행복과 예수님의 행복의 유일한 차이점은 삶에서 **요구**하는 어떤 행복도 너무 자기애적이고 자의적으로 추구되기에 결코 행복이 되지 않는다는 것이다. "세상이 줄 수 없는 평화"(요한 14,27 참조)는 언제나 그것을 기다리고 기대하며 자기 내면에 공간을 만드는 사람들에게 선물로 다가온다. 독립 선언문의 행복은 자기-주장이고 취하는 것이며, 예수님의 행복은 자기-승복이고 받는 것이다. 취하는 것과 받는 것, 이 둘은 완전히 다른 인간의 역동이다. 나비를 쫓아서는 잡지 못한다. 가만히 있으면 나비가 어깨에 날아와 앉는다. 그리고 나비가 당신을 선택한다. 그것이 참된 행복이다.

우리가 개인적인 행복을 추구할 때, 우리는 종종 무너질 것이 분명한 우상을 만든다. 그토록 많은 대중의 고통 속에서 무엇이든 완전하고 개인적인 행복을 지키려는 그 어떠한 시도도 우리가 사는 세상의 본성에 대한 환상에 근거한다. 우리는 현실로부터 어느 정도 자신을 차단하고 모든 것의 "다른 쪽", 심지어 자신의 다른 면과의 연대도 거부해야만 그렇게 할 수 있다.

삶의 양면은 모두 훌륭하고 필요한 스승이다. 사실 실패와 실수가 성공보다 훨씬 더 많은 것을 가르쳐준다. 실패와 성공은 종종 "하느님의 두 손" 또는 "파스카 신비"라고 불렸다. 우리가 하느님의 완전한 자녀가 되기 위해서는 자신의 어둠과 빛 모두와의 투쟁이 필요하지만, 우리는 고통의 형태로 다가오는 "하느님의 왼손"에 특히 저항한다. 오늘의 복음에서처럼, 백인대장을 편안한 집에서 나오게 하고 예수님을 그 집으로 초대한 것은 백인대장이 겪는 고통인데, 그것은 종이 겪고 있는 고통과 똑같은 고통이었다! 다른 사람의 고통에 함께 아파하고 연대하는 것은 우리의 내면에 "공간을 만드는" 엄청난 능력을 가지고 있다. 고통은 아마도 우리의 주요한 영적 스승일 것이다.

성찰

하느님을 위한 더 많은 공간을 만들기 위해 나의 삶에서 비워 낼 애착은 무엇인가?

대림 제1주간 화요일

이사 11,1-10 ▪ 루카 10,21-24

아버지 외에는
아들이 누구인지 아무도 알지 못한다.
또 아들 외에는,
그리고 그가 아버지를
드러내 보여 주려는 사람 외에는
아버지께서 누구이신지
아무도 알지 못한다.

(루카 10,22)

우주적 그리스도

역사가 기다리는 그리스도의 재림은 아기 예수님이나 역사의 예수와 같지 않다. 역사의 '예수'는 한 사람이었고, '그리스도'는 그분의 성姓이 아니다. **그리스도**는 그분과 함께 — 여러분도 마찬가지로 함께 — 결합한 창조와 역사의 전체를 포함한다. 우리는 이것을 우주적 그리스도라고 부른다. 우리가 비록 역사의 예수는 아니지만, 그리스도의 몸과 우주적 그리스도의 구성원이다. 그래서 우리는 **"예수 그리스도"**를 매우 올바르게 믿어야 하며, 예수와 그리스도 두 단어 모두 필수적이다.

성탄을 경축하는 것은 아기가 태어나기를 감상적으로 기다리는 것이 아니라, **역사가 태어나기를 바라는 것**이다(로마 8,20-23 참조)! 우리가 영원한 그리스도이신 예수님을 영원한 아기로 만들거나, 우리에게서 성인成人의 반응을 거의 이끌어 낼 수 없거나 전혀 요구할 수 없는 아기로 예수님을 만들 때, 우리는 복음을 따르지 않는 것이다. 예수님을 계속해서 아기로 두려는 마음이 무엇인지 궁금하다. 어쩌면 그것은 "아기 그리스도교"였을지도 모른다.

우리는 아기를 보듬거나 정답게 속삭일 수 있지만, 이런저런 아기 예수를 너무 많이 만드는 영성은 아직 인생의 황금기를 살 준비가 안 된 것일 수 있다. 우리가 성경의 본문을 믿는다면, 하느님은 분명히 당신의 친구, 동반자를 원하시며 당신을 닮기를 원하신다. 하느님은 어른다운 종교와 성숙하고 자유로운 응답을 우리에게 바라시는 것 같다. 하느님은 서로 주고받는 어른스러운 동반자로 우리를 사랑하시고, **우리는 마침내 우리를 사랑하시는 하느님을 닮게 된다**. 이를 절대적으로 받아들이라.

나는 이런저런 갓난아기, 이곳저곳의 **아기 예수**(Santo Niño)에 대한 헌신이 어디에서 왔는지 이해한다. 하지만 이러한 헌신들은 성인의 "협력"(로마 8,28)이나 자유로운 "참여"(필리 3,10) 그리고 하느님 안에서 자유로운 사랑과 성숙한 사람(에페 4,13)으로 분명히 초대하는 성경의 선포의 힘에 미치지 못한다. 하느님께서 무엇보다 먼저 그렇게 하셨기 때문에 우리는 자신을 그만큼 신뢰할 수 있다. 우리가 바라고 기다리는 그리스도는 여러분 자신의 완전한 탄생과 더 나아가서 역사와 창조의 탄생을 포함한다. 이제 여러분은 전혀 새로운 이해와 신중한 열정으로 "오십시오, 그리스도 예수님"이라고 말할 수 있다!

성찰

'예수'와 '그리스도'에 대한 나의 생각 중 바꿀 필요가 있는 생각들이 있는가?

대림 제1주간 수요일

이사 25,6-10ㄱ ▪ 마태 15,29-37

만군의 주님께서는
이 산 위에서 모든 민족들을 위하여
살진 음식과 잘 익은 술로 잔치를,
살지고 기름진 음식과 잘 익고 잘 거른 술로
잔치를 베푸시리라.

(이사 25,6)

지상의 하느님 나라

나는 가끔 우리 설교자들이나 교사들이 항상 새로운 설교를 생각해내야 한다고 느낀다. 이는 꽤 불공평해 보이는데, 왜냐하면 예수님은 기본적으로 한 가지 설교를 계속해서 다른 방식으로 말씀하셨기 때문이다. 예수님은 당신이 "하느님 나라" 혹은 하느님의 "통치"라고 부르신 그 현존을 선포하셨다. 그분은 계속해서 "그것은 마치 ~ 같다" 또는 "그것은 ~에 비유할 수 있다"(마태 13장 참조)라고 말씀하시면서 이야기와 비유, 은유를 사용하여 당신에게는 분명하지만 우리에게는 분명하지 않은 것을 인식하도록 했다. 초월적인 것을 가리키고 있기 때문에 종교는 은유의 언어만을 사용할 수밖에 없고, 예수님은 우리에게 이 신비가 "하늘에서와 같이 땅에서도" 이루어지기를 기도하라고 말씀하셨다. 예를 들어, 오늘 이사야의 말씀에서 묘사된 잔치는 분명 **지금**의 현실이면서 나중의 현실이다. 예수님은 우리에게 사물의 내부가 단순한 외부보다 항상 더 크다는 것을 보되, 충분히 보면서 온전히 보라고 말씀하셨다.

기본적으로 "하느님 나라"를 "큰 그림(Big Picture)"으로 설명할 수 있는데, 이것이 내가 이 책에서 사용하는 방법이다. 하느님 나라 혹은 하느님의 통치는 **사물이 객관적이고 진실하게 그리고 최종적으로 존재하는 방식**이다. 예수님은 항상 우리가 덧없는 사건이나 상처 혹은 문제들로 길을 잃지 말고, 최종적이고 완전한 그림에서 살도록 초대하신다. 라틴어로 우리는 "**sub specie aeternitate**(영원의 관점 아래에서)"라고 말하곤 하는데, 이는 곧 날마다 자신에게 "영원의 빛에서 이것이 정말로 중요할까?"라고 묻는 것이다.

우리 일상의 모든 감정과 상처, 중독과 계획을 철저히 상대화하고 제자리에 배치하는 하나의 위대한 드라마가 있다. 여러분이 하느님 안에 머무를 때, 작은 자아는 언제나 제한적이고 불안하며, 좋아 보이지만 여전히 사라지고 있다. 우리가 정말로 누구인지 그리고 마침내 누구인지를 알려면 다른 식탁에서 먹어야만 한다. 오늘 이사야가 아름답게 묘사하는 것처럼 우리가 이 위대한 삶의 내적 잔치 안에서 살 수 있을 때, 대부분의 지나가는 것들은 하느님 안에 있는 내적 생명의 대잔치 안에서 바로 그렇게 지나가는 것들이 된다.

성찰

나의 참 자아와 거짓 자아에 대하여 깊이 있게 살펴본 적이 있는가?

대림 제1주간 목요일

이사 26,1-6 ▪ 마태 7,21.24-27

나에게 '주님, 주님' 한다고

모두 하늘 나라에 들어가는 것이 아니다.

하늘에 계신 내 아버지의 뜻을

실행하는 이라야 들어간다.

(마태 7,21)

당신의 나라가 오소서

만일 우리가 교회를 하느님 나라로 만들려고 하면 우상을 만드는 것이다. 예수님이 "주님, 주님"이라고 말씀하시는 부분에서 의미하신 바가 바로 그런 것이 아닐까 생각한다. 만약 우리가 이 세상 자체를 하느님 나라로 만들고자 하면 우리는 언제나 분개하고 실망할 것이다. 만약 우리가 저 하늘을 하느님 나라로 만든다면, 우리는 하느님 나라의 변혁적인 메시지의 대부분을 놓치게 된다. 우리는 이상적인 교회나 어떤 완벽한 세상이 지금 여기에 오기를 기다리는 것이 아니며, 심지어 다음 세상을 위해서 기다리는 것도 아니다. 하느님 나라는 이 모든 것 그 이상이다. 하느님 나라는 언제나 여기에 있으면서 여기에 있지 않다. 하느님 나라는 언제나 이미 있으면서 아직 있지 않다. 어떤 제도도 그것을 담아낼 수 없다. 그것은 예수님이 하늘 나라를 설명하는 본문에서 오히려 명확하다. 모든 거짓 종교는 어쩌면 하나의 환상에서 진행된다. 사람들이 경건하게 한쪽 입으로 "당신의 나라가 오소서"라고 말할 때, 다른 쪽 입으로는 "나의 나라는 가라!"고 말할 필요가 있다. 하느님 나라는 자기와 사회 또는 개인적인 보상의 모든 왕국을 대체하고 훨씬 능가한다.

예수님께서 다른 곳에서 말씀하신 것처럼, "아무도 두 주인을 섬길 수 없다. 한쪽은 사랑하고 다른 쪽은 무시한다."(마태 6,24) 우리는 처음부터 마지막까지 하느님의 나라이든 우리 자신의 나라이든 하나의 나라에 충실해야 한다. 우리는 정말로 솔직해야 한다. 큰 그림은 하느님의 일과 뜻이 중심에 있을 때 분명해지며, 우리는 그 틀의 한구석에 자리를 잡게 되어 행복하다. 이것이 "하늘에 계신 내 아버지의 뜻을 실행하는 것"이고 생명과 사랑의 더 큰 무대가 펼쳐질 수 있게 한다.

우리가 "세계적으로 생각하고 지역적으로 행동해야 한다"고 말할 때, 나는 오늘날 많은 사람이 말하는 것보다 예수님이 더 큰 전망을 가르치셨다고 믿는다. 나는 큰 그림의 일부이기에, 중요하고 실제로 그렇다. 나는 단지

부분에 불과하지만 마땅히 무대에 오르고, 그래서 행복하다. 그 같은 진리가 있는 곳에서 얼마나 자유로운지! **우리는 본래 중요한 존재이고 큰 그림에 포함되지만, 그러한 개인적인 중요성을 만들거나 유지하는 것에 부담을 갖지 않는다.** 우리의 존엄성은 하느님이 주시고, 우리는 우리 자신으로부터 자유롭다!

하지만 하느님 나라의 선포가 우리를 사회적 우상숭배로부터도 해방하기 때문에 하느님 나라는 점점 더 커지고 좋아진다. 우리가 실제로 자신의 국가, 정당, 군대, 은행과 제도 등이 우리를 구할 것이라고 믿는다면 "당신의 나라가 오소서"라고 계속 말할 수는 없다. 하느님의 큰 나라가 온다면 어떤 수준에서는 그 역시 상대화되어야 하는데, 이것이 바로 교황 요한 바오로 2세가 자주 "구조적 죄"와 "제도적 악"을 언급한 이유이다. 우리는 이 세상의 제도를 "사용"할 수 있지만 현명하게 바라건대, 우리는 결코 그것을 "믿지" 않는다. 우리는 오직 하느님만을 **믿는다!** 보편적인 교회이든 참된 "가톨릭" 신자들이든 이것을 가장 먼저 이해해야 한다. 곧 "오십시오, 주 예수님"은 다른 "주님들"이 마침내 우리를 구할 것이라고 믿는 데 너무 많은 시간을 허비하지 않는다는 것을 의미한다.

성찰

하늘 나라를 누리기 위해 내가 내려놓아야 할 "나라"는 어떤것이 있는가?

대림 제1주간 금요일

이사 29,17-24 ▪ 마태 9,27-31

그리고

정신이 혼미한 자들은 슬기를 얻고,

불평하는 자들은 교훈을 배우리라.

(이사 29,24)

하느님의 진리를 인정함

예수님은 하늘 나라가 우리 가운데(루카 17,21) 또는 "가까이"(마태 3,2; 4,17) 있다고 분명히 말씀하신다. 우리가 왜 하느님 나라를 나중을 위한 보상 체계로 만들었는지, 혹은 누군가 말한 것처럼 하느님 나라를 이 세상으로부터의 "신성한 대피 계획"으로 만들었는지 궁금하다. 어쩌면 지금 실제로 변화하기보다는 나중에 보상받기 위해 법을 준수하고 의식을 실행하는 것이 더 쉬웠는지도 모르겠다.

참된 변화를 위하여 치러야 할 대가는 크다. 그것은 우리가 권력이나 성공, 돈과 통제에 충실한 것을 바꾸어 예수님의 주권과 하느님 나라에 충실하는 것을 의미한다. 따라서 절대적인 것은 오직 하나뿐이고, 그것과 관련하여, 다른 **모든** 것은 상대적인 것이다. 심지어 교회도 그러하고 — 이를 이해하지 못해 최근 많은 지도자를 곤경에 빠뜨렸는데, 이 때문에 나를 불충하다고 생각하지 말라 — 우리의 국가와 국가 안보, 우리의 부와 재산 그리고 우리의 정체성과 평판도 그렇다. 우리가 중요하게 여기는 모든 안전망은 이제 두 번째나 세 번째로 중요해지거나 내려놓아야 한다. 왜냐하면 예수님이 주님(Lord)이시기 때문이다! 당신이 신뢰하고 당신을 보호하기 위해 믿는 것이 무엇이든지 그것이 당신의 진짜 신이다. "참된 하느님이 일어나주실까?"

우리는 이제 왜 그렇게 하느님 나라의 백성이 적은지 알 수 있다. 예수님은 이 모든 제도가 사라지고 제한되기에 우리의 모든 달걀을 그런 바구니에 담아서는 안 된다고 말씀하신다. 그렇다. 우리는 이러한 제도 안에서 사회 질서와 어느 정도의 정의를 위해서 일해야 한다. 그렇다고 이러한 체계들이 하느님의 정의나 하느님의 통치를 성취할 것으로 생각해서는 안 된다. 이렇게 생각하는 사람이라면 그의 인생의 후반부쯤에는 씁쓸함을 맛보게 될 것이다.

성찰

나의 삶에서 거짓 행복과 성취감을 주는 것은 무엇이고, 하느님의 진리가 나의 삶에 스며들지 못하게 막는 것은 무엇인가?

대림 제1주간 토요일

이사 30,19-21.23-26
마태 9,35—10,1.5ㄱ.6-8

이스라엘 집안의 길 잃은 양들에게 가라.

가서 '하늘 나라가 가까이 왔다.'

하고 선포하여라.

(마태 10,6-7)

급진적인 개혁가, 예수

 큰 그림을 인식하는 것은 예수님의 시대만큼이나 우리 시대에도 흔하지 않은 일이다. 왜 달라야 하는가? 열두 사도들도 어려움을 겪었다. 큰 그림은 결코 인기가 없을 것이다. 그들이 깨어있고 의식하지 않는 한 그것은 대중을 위한 것이 아니다. 그렇지 않으면 그들은 보통 "참되고 큰 그림"을 완벽한 사회, 천국 또는 교회로 대체할 것이다. 우리는 **"아직(not yet)"을 확신할 수 있는 "지금(now)"이 충분하기에** '지금'과 '아직' 사이에서 흘러넘치는 희망으로 살고 있다.

 예수님은 세상의 모든 종교에서 깊이 있고 지속적인 개혁에 필요한 직관에 반하는 메시지를 세상에 주셨다. 그분은 자신의 유대교를 근본적으로 개혁했을 뿐 아니라 그런 점에서 일반적으로 메시지를 받아들이고 자신의 메시지를 완전히 반대하는 유대교의 고전적인 패턴을 따르는 모든 종교도 개혁했다. 불행하게도 우리는 예수님의 모든 비판(마태 23장 참조)을 "구제 불능이고 마음이 완고한 유대인들"에게만 적용했고, 가톨릭과 정교회 그리고 지난 500년간의 모든 개신교 개혁에도 같은 비판이 적용된다는 것을 잊었다. **우리는 모두 지금과 아직, 그 사이에서 살고 있다.**

오늘 복음에서 예수님은 "이스라엘 집안의 길 잃은 양"에게 다가가서 그들을 진정한 유대교로(그 시점의 유대교가 아니라 새로운 종교로!) 되돌리려고 애쓰는 것처럼 보이지만, 실제로 그리스도교가 되었으며 깨어있고 깨달은 많은 사람에게는 "기쁜 소식"이 되었다. 하지만 이제 우리는 "새로운 이스라엘"에 합류하거나 여전히 다시 길 잃은 양이 될 수 있다. 망상의 양상은 모든 시대와 모든 종교를 막론하고 같기 때문이다.

성찰

하느님 나라에 관해 내가 잘못 인식하고 있는 것은 무엇인가?
하느님 나라를 제대로 인식하려면 어떤 관점이 필요한가?

대림
제2주간

대림 제2주일

가해

이사 11,1-10 ▪ 로마 15,4-9 ▪ 마태 3,1-12

나해

이사 40,1-5.9-11 ▪ 2베드 3,8-14 ▪ 마르 1,1-8

다해

바룩 5,1-9 ▪ 필리 1,4-6.8-11 ▪ 루카 3,1-6

그는 이렇게 선포하였다.

"나보다 더 큰 능력을 지니신 분이 내 뒤에 오신다.

나는 몸을 굽혀

그분의 신발 끈을 풀어 드릴 자격조차 없다.

나는 너희에게 물로 세례를 주었지만,

그분께서는 너희에게 성령으로 세례를 주실 것이다.

(마르 1,7-8)

내려감의 대가,
세례자 요한

 세례자 요한의 자질은 무척 드물지만, 개인과 집단의 개혁이나 진정한 변혁에 매우 중요하다. 우리가 대림 시기마다 세례자 요한을 주목하는 이유가 여기에 있고, 요한을 훨씬 뛰어넘으면서도 예수님이 그를 신뢰하고 성전이 아닌 그의 색다른 자연 의식을 받아들이신 것도 그러한 이유이다. 요한은 물은 담는 그릇에 불과하며, 불과 성령이 내용물이라고 말한다. 우리도 이같이 위대한 요한처럼 되지 않으면, 언제나 자신의 작은 그릇으로 실제 내용물을 대체할 것이다. 우리는 의식儀式이 우리로 하여금 의식을 넘어서도록 가리키게 하는 대신에 현실을 의식으로 대체할 것이다.

 세례자 요한은 신념과 겸손, 도덕과 신비주의, 급진적인 예언과 현재를 사는 것을 가장 기묘하게 결합한 사람이다. 성전 사제계급의 아들로 태어난 요한은 강가에 내려가서 자기 일을 한다. 히피족처럼 옷을 입었지만, 그는 특권 속에서 태어난 사람이다. 그는 모든 것을 기꺼이 버리고, 물로 세례를 주면서 정말로 중요한 것은 "성령과 불"의 세례라고 말하는 슈퍼스타이다! 예수님도 그에 관하여 "요한보다 더 큰 인물은 나오지 않았지만" 당신이 가져오시는 새로운 현실에서는 "가장 작은 이"라고 말씀하실 정도로 그는 살아있는 역설이다(마태 11,11 참조). 요한은 이 새로운 현실을 알면서도 전혀 가질 수 없었다. 그는 드라마 초반에 무대를 떠나야 했기 때문이다. 그는 단역이지만 중요한 역할을 했고, 물러나야 하는 것을 알고 있었다. 그는 위로 올라가는 것이 아니라 아래로 내려가는 영성에 탁월하다. "그분은 커지셔야 하고 나는 작아져야 한다."(요한 3,30)

그런 자유가 있을 수 있는 유일한 방법은 요한이 성공의 탑을 세우기도 전에 이미 자신을 비우는 법을 배웠기 때문이다. 그의 자아는 자신에게 너무도 방해되어 자신의 자아와 메시지, 심지어 자신의 목숨까지도 버릴 수 있었다. 쟁반에 놓인 그의 머리가 실제로 의미하는 것이 바로 이것이다! 어떤 사람들은 현명하게 자아(ego)를 "Edging God Out(역주: 나의 자아가 내 안에서 하느님을 밀어내고 주인 행세를 한다)"의 약자라고 말했다. 요한이 그랬던 것처럼 그러한 비움이 없다면 우리는 자신을 넘어서 예수님을 가리킬 수 없다. 그러한 비움은 우리의 무릎에 그냥 떨어지지 않는다. 그러한 겸손은 저절로 생겨나지 않는다. 세례자 요한에게 그것은 분명히 하느님 **안에** 서서히 자리하면서, 수없이 비워내고 수없이 헌신하면서 얻어낸 결과물이다.

성찰

나의 영성은 위로 올라가는 것인가, 아니면 아래로 내려가는 것인가?

대림 제2주간 월요일

이사 35,1-10 ▪ 루카 5,17-26

자애와 진실이 서로 만나고
정의와 평화가 입 맞추리라.
진실이 땅에서 돋아나고
정의가 하늘에서 굽어보리라.

(시편 85,11-12)

어둠 속에서 기다림

어둠은 결코 완전히 사라지지 않을 것이다. 나는 어둠이 사라지지는 않겠지만, 요한복음의 말씀대로 "그 빛이 어둠 속에서 비치고 있지만 어둠은 그를 깨닫지 못하였다"(요한 1,5)는 것을 알 만큼 충분히 오랫동안 사목했다. 이것이 바로 역설과 신비 안의 믿음인 그리스도교적 방식의 음양이다.

우리는 특히 이 시대의 많은 사회 문제에서 어둠을 몰아내려는 희망으로 일해야 한다. 우리는 세상의 굶주림이 없어지기를 바란다. 우리는 지구의 자원을 군비 확충에 낭비하는 것을 막을 수 있기를 바란다. 우리는 요람에서 무덤까지 사람을 죽이는 것을 멈출 수 있기를 바란다. 하지만 어느 순간 우리는 어둠이 항상 여기에 있었다는 사실에 굴복해야 하며, 유일하게 던져야 하는 진짜 질문은 어떻게 빛을 받고 어떻게 빛을 퍼뜨리는가 하는 것이다. 예수님의 십자가가 항복이 아니듯이 이 또한 항복이 아니다. 그것은 부활하신 그리스도의 절대적으로 고유한 특징과 계획안으로 들어가는 참된 변화이다.

사실 우리가 할 일은 어둠이 무엇인지를 인식하고, 어둠과 창조적이면서 용기 있게 관계 속에서 사는 법을 배우는 것이다. 달리 말하면, 어둠을 **빛**이라고 부르지 말라. 어둠을 **선**이라고 부르지 말라. 이는 주위에 있는 많은 사람에게 일어난 유혹이다. 그들은 대부분 지혜나 분별을 배우지 못했다. 우리 내면의 긴장을 풀어주는 가장 흔한 방법은 어둠을 **어둠**이라 부르기를 멈추고 어둠을 지나갈 수 있는 빛처럼 보는 것이다. 내면의 긴장을 해소하는 또 다른 방법은 어둠에 분노하면서 과도하게 맞서는 것인데, 그럴 때 당신은 어둠을 닮은 사람이 된다. 당신만 모르고 누구나 알고 있다!

그리스도인의 지혜는 어둠을 어둠으로, 빛을 빛으로 부르고, 빛 속에서 살고 일하는 법을 배워서 어둠이 우리를 이기지 못하게 하는 것이다. 만일 우리가 모든 것이 아름답다는 뜬구름 잡는 태도를 지닌다면, 우리는 어둠에 갇히게 된다. 왜냐하면 우리는 밀과 겨를 구분할 만큼 분명하게 보지 못하기 때문이다(좀 더 일반적인 "자유주의적" 유혹). 반대로 우리가 어둠만을 보고 더 근본적인 빛을 망각한다면, 우리는 자신의 부정성과 광신에 의하여 파괴되거나 혹은 순진하게 **자신은 어둠과 떨어져 있다**고 생각할 것이다(좀 더 일반적인 "보수적" 유혹). 대신 우리는 항상 존재하시는 빛이신 하느님과 우리 또한 빛이라는 것(마태 5,14)을 결코 의심하지 않으면서 어둠 속에서 희망을 가지고 기다리며 일해야 한다. 그것이 어둠을 **뚫고** 세상으로 그리고 더 큰 빛으로 들어가는 하느님의 좁은 산도產道이다.

성찰

나를 바꾸고 달라지게 하는 어둠과 함께 사는 대신에 인생의 어떤 부분에서 어둠을 밀어내려고 하는가?

대림 제2주간 화요일

이사 40,1-11 ▪ 마태 18,12-14

이와 같이 이 작은 이들 가운데

하나라도 잃어버리는 것은

하늘에 계신

너희 아버지의 뜻이 아니다.

(마태 18,14)

신앙으로 돌아가기

    나는 앨버커키에서 14년 동안 교정사목을 했다. 감옥에 있는 남자들과 여자들에게 설교하는 것은 매우 보람된 일이었다. 그들은 내가 배운 지적인 교양을 가지고 있지 않다. 그들은 모든 것이 모호하게 되는 말의 세계에서 길을 잃지 않는다. 죽음이 무엇인지 그들에게는 매우 분명하다. 곧 **무엇이** 사람들을 파괴하며, 때로는 그것이 **어떻게** 사람들을 파괴하고 있는지 분명히 알고 있다. 그들은 모두 바닥까지 내려갔기 때문에 그들의 영혼에는 우리처럼 자기를 보호하거나 부정할 능력이 없다. 나는 감옥에서는 언제나 진심으로 말할 수 있었지만, 본당에서는 종종 "좋게" 말해야 했다.

    매주 일요일 아침 감옥에서 나는 세 번의 미사를 집전했고, 세 번째 미사는 여성들과 함께했다. 감옥에 갇힌 여성들은 언제나 자신에 대해 매우 불쾌해한다. 사회는 흔히 남성들이 나빠서 감옥에 간다고 생각한다. 반면에 여성들은 나쁘지 않다고 말한다. 다시 말해 여성들은 착하고, 아이를 낳으며, 서로 공감하고, 감옥에 가지 않는다고 생각한다. 하지만 수감된 여성들은 많은 죄책감과 수치심을 지니고 있다. 그들은 종종 "내가 왜 여기에 있지요? 뭐가 잘못된 것인가요?"라며 내게 물었다. 그들의 자녀는 집에 있고 자신들은 감옥에 있다는 이유로 너무나 많은 죄책감을 느꼈다. 어떻게 아이들에게 엄마가 감옥에 있다고 말하고, 엄마가 나쁜 사람이라고 생각하게 할 수 있겠는가?

이들은 여러분과 내가 파고들 필요가 없는 자기 내면을 파고들어가야 한다. 그러한 이들에게는 종교 자체만으로는 충분하지 않다. 이들은 신앙으로 돌아가는 길을 긁어내야 하고, 그래서 그곳에 이르게 되면, 그것은 참되다. 우리는 늘 "종교는 지옥을 두려워하거나 하느님을 두려워하는 사람들을 위한 것이고, 영성은 지옥을 겪고 하느님을 '체험한' 사람들을 위한 것"이라고 말했다.

우리 착한 사람들은 대개 신앙으로 돌아가는 길을 긁지 않아도 된다. 우리는 오랫동안 외적인 종교와 정중한

도덕성에 익숙하다. 나는 하느님께서 우리를 인도하시지만, 각자 다른 길로 인도하실 것이라고 확신한다. 그래서 언젠가는 모든 종교가 믿음과 사랑, 겸손과 승복이 되어야 한다. 그렇지 않으면 참된 종교가 아니다! 하느님의 "작은 이들은 잃어버리지" 않을 것이다. 그리고 우리 역시 다른 방식으로 단지 "이 작은 이들 가운데 하나"이다.

성찰

나는 언제 길을 잃어서 신앙의 기초로 돌아가야 했었는가?

대림 제2주간 수요일

이사 40,25-31 ▪ 마태 11,28-30

고생하며 무거운 짐을 진
너희는 모두 나에게 오너라.
내가 너희에게 안식을 주겠다.

(마태 11,28)

복음의 필요성

삶에 **필요한** 것과 삶에 정말로 **중요한** 것이 무엇인지에 대해 혼란이 있다고 해도 과언은 아니다. 미국 상점들의 대다수는 **필요**가 아니라 **욕구**를 팔고 있는 것 같다. 우리가 지금 필요하다고 하는 것은 전에는 욕구하던 것이었고, 그것들은 이제 많은 사람에게 사치품이 "필수품"이 될 정도로 세련된 수준으로 발전했다. 우리 문화에서 경제적이고 사회적인 지위를 향상하려는 경향의 사람들은 내년 휴가가 작년보다 더 호화롭지 않으면, 옷과 집을 더 좋은 것으로 상향하지 않으면, 최신 기기를 구입하지 않으면 스스로 좋다고 느낄 수 없다. 이것은 우리를 올가미에 걸려 자유롭지 못하게 하고, 본질적으로 만족하지 못하게 한다. 우리는 끊임없이 다람쥐 쳇바퀴 돌듯 달리고 있다.

한편, 이 땅에 사는 대부분의 하느님 백성이 굶주리고 있다. 곧 대부분의 하느님 백성은 훨씬 더 단순한 수준에서 행복을 발견하고 자유를 발견하는 법을 배워야 한다. 복음은 물론 그런 단순함이 애초에 행복을 발견할 수 있는 유일한 장소라고 말한다. 그런데 우리는 행복과 만족을 거의 불가능한 수준으로 옮겨 놓았다. 우리는 주로 **존재**(being)보다 **소유**(having)에 바탕을 둔 거짓 행복을 만들어냈다. 우리는 너무 과하게 자극받아서 평범함이 더는 우리를 기쁘게 하지 않는다. 예수님이 우리에게 주시는 것처럼, 우리는 **하느님 안에서 벌거벗은 존재**로 쉬거나 머무를 수 없다.

그러한 메시지는 우리가 설교할 수 있는 한 전통적이고, 구식이며 보수적인 복음에 관한 것이고, 앞으로도 언제나 그럴 것이다. 모든 세대가 이를 듣고 새롭게 믿어야 하는데, 왕권이 번성했던 시대의 왕과 왕비들이 그랬던 것보다 중산층이 더 많은 편안함과 안전을 누리는 우리 시대와 문화에서는 특히 더 그렇다. 우리는 **존재**(beings)하는 인간보다는 **행위**(doings)하는 인간이 되었고, 예수님께서 사용하시는 "안식"이라는 동사는 우리에게는 너무 생소하다. 실제로 그러한 안식은 전혀 "아무것도 아닌 것"처럼 여겨져서 안식을 소중히 여기지 않는 사람들에게 판매하기가 매우 어렵다.

성찰

나의 삶에서 물질적이든 아니든 간에 정작 중요하고 필요한 것을 얻기 위해 나는 무엇을 사용하고 있는가?

대림 제2주간 목요일

이사 41,13-20 ▪ 마태 11,11-15

귀 있는 사람은 들어라!

(마태 11,15)

큰 사랑과 큰 고통

오늘의 복음에서처럼 예수님께서 보고 듣고 경청하고 눈 멀지 않는 것에 관하여 얼마나 많이 말씀하시는지 갈수록 더 놀랍다. 나는 예수님이 확실히 여러분과 나 같은 평범한 사람이 아닌, 마음이 완고하고 사악한 사람을 가리키고 있다고 생각하곤 했다. 하지만 사람들과 오래 일할수록 나는 우리를 더 깊이 보지 못하게 하는 것은 대개 개인의 나쁜 의지가 아니라, 문화적이고 제도적인 맹목이라는 것을 알게 되었다. 우리가 사랑과 기도 그리고 고통의 진정한 내적 여정을 밟지 않는 한, 우리는 주변의 모든 사람이 생각하는 것처럼 그렇게 생각하기 마련이다. 큰 사랑과 큰 고통이 없으면 인간의 의식은 대체로 싸움이나 도망, 이것 아니면 저것, 전부 아니면 아무것도 아닌 차원에 머물 수밖에 없다. 우리가 이제 증명할 수 있는 이 이원론적 정신은 뇌 기능의 가장 낮은 수준이기에 언제나 "신비한" 정말로 큰 것들에 절대 접근할 수 없거나 훨씬 덜 다루게 될 것이다.

무엇이 큰 것일까? 사랑, 자유, 악, 하느님, 영원, 비폭력, 용서, 은총과 자비를 열거할 수 있겠다. 이원론적 정신으로는 이러한 것들을 충분히 파악할 수 없고, 이것들은 각각 어느 정도의 비非 이원론적인 사고를 요구하는 역설적인 성격을 가지고 있기 때문에 대체로 잘못 이해하게 된다.

예수님은 저 밖에 있는 정말 나쁜 사람들에게만이 아니라 오늘 우리 모두에게 말씀하신다. 우리는 매우 진실하고, 선의를 가지며, 게다가 사랑하기를 원할 수도 있지만, 큰 문제는 여전히 우리를 예수님이 말씀하시는 눈이 멀고 귀가 먼 상태로 이끌 것이다. 영적으로 경청하고 더 넓게 바라보게 하는 것은 대체로 큰 사랑과 큰 고통이다. 단순한 신앙 체계와 교회의 예식만으로는 그러한 변화를 보장하지 않는다. 이것이 바로 오늘 복음에서 예수님께서 율법과 예언서를 이해하지 못하는 군중을 비판하는 이유이다. 그들은 모두 "믿었지만" 실제로는 전혀 이해하지 못했다. 예수님은 여기에서 나쁜 사람들이 아니

라 그저 "군중"에게 말씀하신다는 것을 주목해야 한다
(마태 11,7).

성찰

나는 이원론적으로 생각하는 경향이 있는가? 그것이 내가 더 사랑하는 데 더 도움이 되는가? 그것이 복음에 순종하는 데 더 도움이 되는가?

대림 제2주간 금요일

이사 48,17-19 ▪ 마태 11,16-19

아, 네가 내 계명들에 주의를 기울였다면
너의 평화가 강물처럼,
너의 의로움이 바다 물결처럼 넘실거렸을 것을.
네 후손들이 모래처럼,
네 몸의 소생들이 모래알처럼 많았을 것을.
그들의 이름이 내 앞에서 끊어지지도
없어지지도 않았을 것을.

(이사 48,18-19)

풍요의 전형, 마리아

마리아가 그랬던 것처럼 우리는 어떻게 출산할 수 있을까?

우리는 삶을 단순하게 살기보다는 그 이상으로 삶을 관리하는 경향이 있다. 우리는 지나치게 자극받아 무엇을 선택할지에 빠져 있다. 우리는 관리자가 되고, 인생을 설계하며, 일을 성사시키도록 훈련받는다. 그것이 우리의 문화를 만들었다. 모두 나쁜 것은 아니지만, 영신생활을 그렇게만 한다면 그것은 순전히 이단이다. 그것은 잘못되었고 효과도 없으며 복음도 아니다. 이사야가 가르치듯이 우리는 경제적으로 부유할지 모르지만 영적으로는 풍요롭지 않을 수 있다. 마리아가 이 시기에 예수님을 믿음직스럽게 안고 있었던 것은 그녀가 영적인 선물, 사실상 **유일한** 영적인 선물을 받을 줄 알았기 때문이다. 마리아는 아마도 비옥함과 풍요가 이 세상에 어떻게 들어올 수 있는지 보여주는 전형일 것이다.

우리는 영적인 힘을 관리하거나 조종하거나 조작할 수 없다. 이는 놓아주고 주어진 것을 자유롭게 받는 문제이다. 그것은 우리의 작은 자아에 대한 집착을 점차 비워내는 것이고, 그러할 때 새로운 잉태와 새로운 탄생을 위한 여지가 있게 된다. 새로운 것이 들어오려면 먼저 비워내야 한다! 마리아는 그러한 자기 비움과 승복을 보여주는 원형이다. 예수님이 선물 자체이고 하느님이 선물을 주시는 방법의 상징이라면, 마리아는 그 선물을 받고 간직하는 방법의 상징이다. 하느님이 주시는 무엇이든 전적으로 무상의 은총으로 경험되고, 결코 임금이나 보상 혹은 공로의 표시로 경험되지 않는다. 만약 그렇게 경험된다면 그것은 하느님으로부터 온 것이 아니며, 여러분의 마음이나 정신 혹은 영혼을 확장시킬 수 없을 것이다.

마리아가 도덕적인 가치가 있다거나 업적이 있다거나 혹은 준비되어 있다거나 하는 언급은 없으며, 단지 겸손한 신뢰와 승복만이 있을 뿐이다. 그러므로 그녀는 보잘것없는 처지에 있는 우리에게 끝없이 깊은 희망을 준다. 우리 자신이 하느님을 "관리"하려 하거나, 어떤 수행 원칙에 의해 자신의 가치를 만들려고 한다면, 우리는 끝내 그리스도를 낳지 못하고 자기 자신만을 낳을 것이다. 마리아는 어떤 식으로든 관리하거나 고치거나 통제하거나 "수행"하지 않는다. 그녀는 단지 "예!"를 말하면서 이사야가 약속하는 풍요("강물", "물결", 바닷가의 모래)를 낳는다. 정말 놀라운 일이다!

성찰

나는 삶을 관리하는 대신에 주어진 것을 자유롭게 받아들일 수 있는가? 삶을 관리하는 것은 나에게 왜 중요한가? 받아들이는 것이 나에게 왜 중요하지 않은가?

대림 제2주간 토요일

집회 48,1-4. 9-11 ▪ 마태 17,10-13

그러므로 너희는
'무엇을 먹을까?', '무엇을 마실까?', '
무엇을 차려입을까?' 하며 걱정하지 마라.
이런 것들은 모두
다른 민족들이 애써 찾는 것이다.
하늘의 너희 아버지께서는
이 모든 것이 너희에게 필요함을 아신다.
너희는 먼저 하느님의 나라와
그분의 의로움을 찾아라.
그러면 이 모든 것도 곁들여 받게 될 것이다.

(마태 6,31-33)

적은 것이 더 많다

내 인생에서 요즘처럼 바쁜 적이 없었다. 내가 삶을 혹사하며 살아왔는데 무슨 권리로 관상을 이야기하겠는가? 우리는 많을수록 좋다고 생각하는 경향이 있다. 나는 바쁘다는 것이 사실 우리의 지위를 상징한다고 들었다! 사람들이 그렇게 많은 것을 가지고 있으면서도 그들이 하고, 보고, 소유하고, 고치고, 통제하고, 바꾸기에 충분하지 않다고 불안해하는 것은 이상한 일이다.

몇 년 전 니카라과에 있을 때 한 남자에게 시간이 있느냐고 물었더니, 그는 "나에게는 남은 인생이 있습니다"라고 말하면서 미소를 지었다. 우리 중 누가 그렇게 말할 수 있을까? 그것이 우리가 갖고 있지 않은 것이다. 우리가 가지고 있지 않은 것은 남은 인생이다. 왜냐하면 우리는 인생에서 **지금**조차 없기 때문이다. 우리가 과거에 내린 결정이 우리의 내일을 결정했다. 곧 신용카드와 주택 담보대출, 우리가 소유한 거의 모든 것은 스러지기

마련이어서 우리 모두를 끝없이 달리게 하고 있다. 그러면서도 우리는 왜 그런지 모른다. 우리에게 남은 인생은 없다. 남은 인생은 이미 결정되어 있다. 남은 인생은 모두 보장되었고, 보험에도 가입하였고 미리 걱정하여 준비하였다.

우리는 시간을 절약하는 온갖 종류의 도구들을 가지고 성장했다. 의심할 여지없이 우리 중 몇몇은 성탄절에 훨씬 더 많은 것을 받을 것이다. 아마도 크리스마스트리 밑에서 아침 식사 시간을 절약하기 위한 와플 제조기나 저녁 식사를 더 빨리 준비하기 위한 빵 보온기를 발견할 것이다. 일단 우리가 이러한 장치들을 소유하게 되면, 우리는 시간을 절약해주는 도구들을 더 많이 보관하기 위해서 더 많은 청소와 더 많은 힘을 필요로 하는 더 큰 주방을 짓는다. 이 모든 것이 우리의 시간을 절약해 줄 것인가? 아니, 절대 그렇지 않다!

시간은 정확히 우리가 가지고 있지 않은 것이다. 풍요로운 문화에서 줄어드는 것은 이상하게도 **시간**인데, 지혜와 우정도 따라서 줄어든다. 이것들은 바로 인간의 마음을 위하여, 인간의 마음이 먹고 사는 것이다. 우리가 이 가련한 행성에 엄청난 탄소 발자국을 남기면서 우울하고 건강하지 않으며 폭력적이기까지 한 사람들을 그토록 많이 생산하고 있는 것은 그리 놀랄 일이 아니다.

예수님께서 우리에게 매우 분명하게 말씀하셨다. "너희는 '무엇을 먹을까?', '무엇을 마실까?', '무엇을 차려 입을까?' 하며 걱정하지 마라. 이런 것들은 모두 다른 민족들이 애써 찾는 것이다. 내일을 걱정하지 마라. 내일 걱정은 내일이 할 것이다."(마태 6,31.34) 하지만 어떤 이유에서인지, 우리가 하는 일은 대부분 과거를 재생하고 내일을 걱정하는 것이다. 이는 우리가 예수님의 영적인 메시지를 잘 이해하지 못했다는 것을 말해준다. 지금 바로, 이 지구가 우리에게 그렇게 말하고 있다.

성찰

내가 일을 잘하기 위해서 필요한 것은 무엇인가? 그렇게 하기 위해서 그만두어야 할 것은 무엇인가?

대림
제3주간

대림 제3주일

가해

이사 35,1-6ㄱ.10 ▪ 야고 5,7-10 ▪ 마태 11,2-11

나해

이사 61,1-2ㄱ.10-11 ▪ 1테살 5,16-24

요한 1,6-8.19-28

다해

스바 3,14-18ㄱ ▪ 필리 4,4-7 ▪ 루카 3,10-18

주님께서 나에게 기름을 부어 주시니

주 하느님의 영이 내 위에 내리셨다.

주님께서 나를 보내시어

가난한 이들에게 기쁜 소식을 전하고

마음이 부서진 이들을 싸매어 주며

잡혀간 이들에게 해방을,

갇힌 이들에게 석방을 선포하게 하셨다.

(이사 61,1)

성령과 관련하여

성령은 언제나 이어주고 화해시키며 용서하고 치유하면서 둘을 하나로 만든다. 성령은 인간이 만든 경계를 넘어서 갈라지고 소외된 것을 완전히 다시 정렬하고 새롭게 한다. 이와는 대조적으로 "악마"(diabolical, 그리스어의 두 단어인 dia balein에서 유래한 것으로 "분열시키다"를 의미한다)는 하나 되어 평화로울 수 있는 것을 갈라놓고 분리한다. 성령은 언제나 둘을 하나로 만들고, 악마는 언제나 하나를 둘로 만든다! 악마는 생명의 천을 산산이 찢어버리지만, 성령은 꿰매고 부드럽게 하며 치유하러 오신다.

오늘 이사야의 독서에서 예언자는 다가오는 야훼의 종을 묘사한다. 예수님이 당신 사명의 정확한 성격을 선포하기 위해 처음으로 사용하는 것이 바로 이 인용문이다(루카 4,18-19 참조). 각각의 경우에서 예수님은 당신의 일을 예의 바르고 적절한 한계와 울타리를 벗어나 사회에서 소외되거나 배제된 가난한 이들, 갇힌 이들, 눈먼

이들, 억압받는 이들을 다시 결합하는 것으로 묘사한다. 그분의 직무는 소위 선한 사람을 사적인 친교 집단으로 모으는 것이 아니라 변두리나 밑바닥에 있는 사람들에게 다가가서 "꼴찌"인 그들에게 사실상 그들이 첫째라고 말하는 것이다! 그것은 무엇보다도 성령의 일을 묘사하는 것인데, 예수님의 일도 그러하다.

우리가 함께할 수 있는 것이 많을수록 우리는 더 많이 "용서하고" 받아들이고 더 많이 포용하고 즐길 수 있으며, 더 많이 성령 안에서 살게 된다. 우리가 거부하고 반대하며, 부정하고 배제하고 제거할 필요가 많을수록 우리는 부정적이고 파괴적인 소리와 자신의 가장 나쁜 본능에 더 빠지기 쉽다. 언제나 그렇듯이 예수님은 치유와 봉사 그리고 화해의 모델이며, 궁극적으로 성령의 사람이시다.

성찰

나의 삶에는 어떠한 분열이 존재하는가? 성령께서 어떻게 그 분열을 치유하게 할 수 있을까?

대림 제3주간 월요일

민수 24,2-7.15-17 ▪ 마태 21,23-27

그래서 그들이 예수님께 "모르겠소."
하고 대답하였다.
그러자 예수님께서 그들에게 말씀하셨다.
"나도 무슨 권한으로 이런 일을 하는지
너희에게 말하지 않겠다."

(마태 21,27)

비非 이중적 사고

  우리는 강렬하고 열정적으로 관심을 가지면서 동시에 전혀 신경을 쓰지 않을 수 있을까? 만일 우리가 자기의 뜻이 아니라 하느님의 뜻을 추구한다면, 그것은 다소 쉽사리 그럴 수 있을 것이다. 우리가 할 수 있는 최선을 다하고, 개인적인 성공이나 남들의 반응에서는 벗어나 있다면 우리는 마음을 쓰면서도 동시에 무심할 수 있다. 그것이 참된 영적 자유이다.

  우리가 그 개념을 더 잘 이해할 수 있을까? 애매한 말로 들리는가? 모든 위대한 영적인 가르침은 언제나 그 안에 역설적인 성격을 지니고 있다. 가령, 우리는 예수님은 인간이시며 동시에 하느님이라고 믿는다. 마리아는 동정녀이며 동시에 어머니이다. 성체성사는 빵이면서 동시에 예수님이다. 하느님은 셋이며 동시에 하나이다. 이것들은 모두 논리적 모순이므로 합리적인 사고로는 이해할 수 없다. 모든 것이 하나의 차원에서는 진실일 수 있으나 다른 차원에서는 전혀 진실이 아닐 수 있다. 예수님이 오늘 복음에서 그렇게 현명하게 하시는 것처럼, 지혜는 동시에 다른 차원에서 듣고 보는 방법을 아는 것이다. 그분은 신비와 역설 그리고 부정적인 사람들조차 창의적으로 다룰 줄 아는 전형적인 비 이중적 사상가이다. 우리가 완전히 이원론적이라면, 우리는 사랑하거나 용서하거나 인내할 수 없다.

예수님은 당신에게 잘못된 이분법을 제시하는 적대적이고 이원론적인 사상가들에게 당신을 허용하지 않으신다. 그러한 경우마다 예수님은 침묵하거나 주제를 바꾸고, 이야기하거나 전체 질문을 다시 구성하고, 아니면 그러한 명백한 악의에 휘말리기를 거부하신다. 누가 무엇을 반대하면 그 사람은 그 반대하는 것의 이미지를 반영하는 거울이 된다는 것을 그분은 아신다. 그래서 예수님은 여기서 대답을 거부하신다. 우리가 예수님을 완벽한 답변을 주는 분으로 만들었다는 것은 놀라운 일이다. 왜냐하면 예수님은 보통 그렇게 하시지 않기 때문이다. 그분은 종종 우리를 인간이 만든 딜레마의 뿔로 인도하는

데, 거기서 우리는 정직하게 우리 자신을 만나고 또 하느님을 만나야 한다. 그분은 문제를 해결하는 것 이상으로 우리를 위해 문제를 일으키는데, 그 문제들은 종종 양자택일의 사고로는 해결할 수 없고 사랑과 용서로만 해결된다.

성찰

나의 삶에서 양자택일의 사고로 해결할 수 없는 것은 무엇인가? 나는 그것에 어떻게 대처하는가? 감정적으로 대하는가? 아니면 지성이나 영적으로 대응하는가?

대림 제3주간 화요일

스바 3,1-2.9-13 ▪ 마태 21,28-32

내가 진실로 너희에게 말한다.
세리와 창녀들이 너희보다 먼저
하느님의 나라에 들어간다.
사실 요한이 너희에게 와서
의로운 길을 가르칠 때,
너희는 그를 믿지 않았지만
세리와 창녀들은 그를 믿었다.
너희는 그것을 보고도 생각을
바꾸지 않고 끝내 그를 믿지 않았다.

(마태 21,31ㄴ-32)

하느님을 본받음

예수님은 여기에서 다시 수수께끼 같은 말씀을 하신다. 내가 그런 식으로 말하거나 글을 썼다면, 아마도 여러분은 나를 도덕적 상대주의나 모호한 사고방식이라고 비난했을 것이다! 그러면 우리는 어떻게 그러한 혼란을 안고 사는 법을 배울 수 있을까?

우리는 먼저 내면의 모순을 기꺼이 인정해야 하고, 그 완전하지 못한 상태를 가진 우리를 여전히 하느님께서 사랑하시게 해야 한다. 일단 우리 자신의 그림자, 우리 자신의 어리석음, 우리 자신의 죄를 보기로 동의하고 여전히 하느님이 우리를 버리지 않으신다는 것을 알고 나면, 우리는 하느님의 선함을 드러내는 살아 있는 역설이 된다. 이것이 세리와 창녀들이 해야 할 일이었고, 그들을 변화시킨 것이다. "좋은 사람들"이 자기와 하느님에 관한 "생각을 바꾸려고" 하지 않았다는 것을 주목하라. 우리가 하느님께서 우리의 모순 속에 사시고 하느님의 사랑이 우리의 완벽함에 좌우되지 않는다는 것을 알게 되면, 다른 사람의 모순은 더이상 우리를 분개하게 하거나 놀랍게 하지 않는다. 그러므로 앞으로 우리는 다른 사람을 훨씬 더 참아주고 가엾게 여길 수 있다. 왜냐하면 우리가 하느님께서 우리에게 똑같이 하시도록 허용했기 때문이다! 기본적으로 그리스도인의 도덕적 삶은 "하느님을 본받음"(에페 5,1) 그 이상도 그 이하도 아니다.

나는 모순덩어리이지만 성인聖人이기도 하다. 나는 매우 좋은 사람이고 또한 죄 많은 사람이다. 나는 그것을 이해하지만 또한 그것을 반대한다. 둘 다 진실일까? 그렇다. 양쪽 모두는 언제나 그리고 영원히 진실이다. 바로 이것이 하느님이 우리를 사랑하시는 놀라운 이유이다. 신앙은 이론의 차원이 아니라 일상의 차원에서 바로 우리 내면에 있는 그러한 신비에 개인적으로 항복하는 것이다. 불쌍한 창녀들은 선택의 여지가 없었고, 우리가 정직하다면 우리도 선택의 여지가 없다. 그것이 내가 말하는 "새로운 사고방식으로 자신을 산다"는 것이다. **모든 생각의 변화는 우선 마음의 변화이고, 마음이 변하지 않**

으면 새로운 생각은 오래가지 못한다. 성 루카가 말했듯이, 우리는 "죄를 용서받아 구원되는 신비"(루카 1,77)를 알고 있다. 용서가 하느님이 하시는 일이기 때문이 아니라 하느님은 곧 용서이시기 때문이다. 날마다 신성한 자비의 폭포 아래 서 있으면서 같은 흐름의 도랑이 되는 것 외에는 하느님의 본성을 깨달을 수 있는 다른 길은 없을 것이다.

성찰

나의 내면의 모순 중 하나라도 말할 수 있는가? 하느님께서 그런 나를 여전히 사랑하신다고 생각하는가? 나는 그런 나를 사랑할 수 있는가?

대림 제3주간 수요일

이사 45,6ㄴ-8.18.21ㅁ-25 ▪ 루카 7,18ㄴ-23

주님께만 의로움과 권능이 있다.
…… 이스라엘의 모든 후손들은
주님 안에서 승리와 영예를 얻으리라.

(이사 45,24-25)

자아상

영적 생활의 주요 문제 중 하나는 긍정적이거나 부정적으로 만들어진 자신의 자아상에 집착하는 것이다. 우리는 어떤 정체성으로 시작해야 하지만 문제는 우리가 자신에 대한 이 **관념**을 하느님 안에 **있는** 실제 자신과 혼동한다는 것이다. 사물에 대한 관념이 그 자체로 사물은 아니다. 우리는 모두 자아상을 형성하는 것으로 시작해야 하지만 문제는 그 자아상에 집착하고, 그 자아상을 활성화하고 보호해야 하며, 다른 사람들이 그 자아상을 좋아해야 한다는 것이다. 정말 덫이다!

다행스럽게도 성령이 우리에게서 벗겨내려는 것이 바로 이것이다. 그래서 우리로 하여금 어차피 항상 변하는 자기 모습보다는 하느님을 닮은 우리의 모습에서 이사야가 말하는 "승리와 영예"를 찾게 하신다. 하느님 안에 있는 우리(갈라 2,20-21 참조)가 오래 견뎌내고 견고한 기초이다. 나는 늘 내가 나에게 내리는 가혹한 심판보다 언젠가는 하느님의 너그러운 심판을 받겠다고 말한다. 나는 내 이웃이 경솔하게 만들어낸 나의 이미지보다 항상 인내하시고 자비로우신 내 하느님의 형상을 언제든지 받아들일 것이다. **하느님은 항상 내 안에서 당신의 아들 예수님을 보시고, 그분을 사랑하지 않으실 수 없다!**(요한 17,22-23 참조) 이것이 더는 오르락내리락하지 않는 굳건하고 지속적인 자아상이다.

1970년대 초 신시내티에서 사목을 시작하고 젊은이들과 함께 일할 때, 나는 십 대들에게 그들이 훌륭하다는 것을 확신시키려 노력하면서 대부분의 시간을 보낸 것 같다. 그들 모두가 끊임없이 자신을 증오하는 것처럼 보였다. 나중에 나는 어른들도 마찬가지로 계속해서 자신을 의심하고 두려워한다는 것을 알았다. 그들은 "자신에 대해 좋게 느끼려고" 노력하면서 미국식 표현을 사용하기 위해 많은 에너지를 써야 했다. 그들의 자아상은 신학적 진리 대신에 단지 심리학적 정보에 바탕을 두고 있었다. 복음이 우리에게 약속하는 것은 우리는 **객관적이고 본질적으로 하느님의 자녀라는 것이다**(1요한 3,2 참조). 이것은 심리적인 가치가 아니다. 이것은 존재론적이고 형이상학적이며 본질적인 것이다. 따라서 그것은 우리가 얻거나 잃을 수 있는 것이 아니다. 이미 주어진 하느님의 이러한 모습이 우리의 자아상이 될 때, 우리는 자유로워지고, 복음은 우리가 희망할 수 있는 최고의 기쁜 소식이 된다!

나는 그리스도인들이 세상에 익숙한 나머지 예수님께서 처음부터 절대 기준으로 삼지 말라고 말씀하신 세상으로부터 자신의 역할과 정체성을 취하는 것을 허용했기 때문에 그토록 많은 죄책감과 낮고 부정적인 자아상, 자기혐오와 자기 편견이 일어난다고 확신한다! 사도 요한이 말하는 것처럼, "자기들끼리 영광을 주고받으면서 한 분이신 하느님에게서 받는 영광은 추구하지 않으니 너희가 어떻게 믿을 수 있겠느냐?"(5,44) 우리 중 많은 사람은 **처음부터 거짓된 이미지의 체계 안에서** 성공적이거나 부정적인 자아상을 받아들인다! 이것은 결코 효과적이지 않다. 바오로가 말하는 대로 우리는 "그리스도와 함께 하느님 안에 숨겨져 있는"(콜로 3,3) 우리의 참된 자아를 찾아야 한다. 또는 아빌라의 테레사가 말했듯이, **"너 자신 안에서 하느님을 찾고, 하느님 안에서 너 자신을 찾아라."** 그러면 우리는 오르락내리락하지 않고, 영원한 반석 위에 세워진다.

성찰

나의 자아상(긍정적이든 부정적이든) 중 어떤 것이 하느님과의 관계를 방해하는가? 우리가 방어적이거나 감정적으로 오르내릴 때면, 이것은 우리가 자아상에 집착하고 있다는 신호이다.

대림 제3주간 목요일

이사 54,1-10 ▪ 루카 7,24-30

너희는 무엇을 구경하러 광야에 나갔더냐?

바람에 흔들리는 갈대냐?

(루카 7,24)

구하는 것이
발견하는 것이다

  어디를 바라보는가? 그것은 언제쯤 올까?

  우리는 여행 자체보다는 목표를 지향하는 경향이 있지만, 영적으로 말하면 **우리가 그곳에 어떻게 이르느냐가 우리가 도달하는 곳이다.** 여행은 최종 목적지를 결정한다. 만약 우리가 우리의 길을 조작하면, 우리는 결국 조작된 신, 스스로 만든 신을 만나게 된다. 만약 사랑이 우리를 끌어당기고 선택하게 한다면, 우리는 결국 참된 하느님과 함께하게 될지도 모른다. 그러나 마치 하느님이 자기의 소유물, 곧 전리품인 것처럼 우리는 "하느님을 얻는" 빠른 방법과 기술을 찾고 있다. 같은 복음의 더 뒤에서는 예수님께서 바리사이들과 제자들에게 "하느님의 나라가 언제 오느냐?"는 질문을 받으신다(루카 17,20-22). 이에 예수님은 "하느님의 나라는 눈에 보이는 모습으로 오지 않는다. 또 '보라, 여기에 있다.', 또는 '저기에 있다.' 하고 사람들이 말하지도 않을 것이다"라고 말씀하신다.

다시 말해서, 그것은 광야에서 해답을 찾는 사람들처럼 쉽고 분명하게 장소로 정의되지 않을 것이다. 예수님은 **사람들이 지금 당장 모든 것을 찾음으로써 잘못된 것을 찾고 있기 때문에** 실망할 것이라고 경고하신다. 예수님께서는 요한을 "가장 큰" 사람이지만 "가장 작은" 사람이라고 말씀하신다(루카 7,28). 이 말씀의 의미는 곧 그렇다, 이것이 하느님 나라이지만 완전한 하느님 나라가 아니다. 그렇다, 여기 있지만 완전히 여기 있지 않다. 저기에 있지만 완전히 저기에 있지 않다. 하느님 나라는 절대 누구의 개인적인 소유가 될 수 없다. 우리 중 누구도 합당하지 않지만 사실상 합당성은 문제가 되지 않는다. 오직 믿음이다. 아무도 "내가 그것을 가지고 있어"라고 말할 수 없다. 그것은 우리를 더 깊이 끌어들이기에 충분한 한결같은 초대이다. 하느님은 우리로 하여금 당신을 더욱 원하게 만드는 것으로 충분하시지만, 그래도 하느님은 언제나 주도권을 행사하신다. "너희가 나를 뽑은 것이 아니라 내가 너희를 뽑아 세웠다."(요한 15,16)

그러나 하느님께 감사하게도 루카는 그 구절을 "보라, 하느님의 나라는 너희 가운데에 있다"(17,21)는 말로 끝맺는다. 복음은 삶이 언제나 각양각색이지만, **꽤 괜찮은 각양각색**이라는 것을 밝혀준다. 하느님 나라는 여기서 "(완전하게) 눈에 보이는 모습으로 오지 않는다." 영원 안에서만 모든 그림자가 해결된다. 우리는 그 중간에서 믿음과 신뢰를 가지고 살고 있다.

성찰

목표 지향성은 어떤 면에서 나를 목표 자체를 향한 여정에서 멀어지게 하는가?

대림 제3주간 금요일

이사 56,1-3ㄱ.6-8 ▪ 요한 5,33-36

아버지께서

나에게 완수하도록 맡기신 일들이다.

그래서 내가 하고 있는 일들이

나를 위하여 증언한다.

(요한 5,36)

행동에 대한 편견

예수님께서 "내 말을 믿으라는 것이 아니라 나의 행동이나 '내가 하고 있는 일들'을 보아라"고 말씀하신다. 행동은 스스로 말하는 반면, 말은 우리가 이론적인 차원에서 논쟁할 수 있다. 오랜 시간 예수님을 따르려고 노력할수록 나는 정말로 더는 예수님을 **믿는다**고 말할 수 없다. 그보다는 나는 예수님을 **안다**. 종종 그분의 충고를 받아들이고, 그분의 위험을 무릅쓰곤 했는데, 그때마다 그것이 언제나 참되다는 것이 드러났기 때문에 나는 그분을 알고 있다! 그런 뒤에야 우리는 믿지 않고, **안다**. 예수님은 우리에게 마치 그것이 하느님을 기쁘게 해드리는 것처럼, 믿을 수 없는 것을 믿으라고 말씀하지 않으신다. 그분은 우리에게 "이것을 한번 해봐"라고 말씀하시는 것이 더 많고, 그에 따를 때 여러분은 그 말씀이 참되다는 것을 스스로 알게 될 것이다. 하지만 처음의 시도는 언제나 어떤 행동이나 실천으로의 믿음의 도약이다.

성경은 오늘날 우리가 "행동에 대한 편견"이라고 부르는 것을 매우 명확히 가르친다. 우리가 종종 만들어 왔듯이 그것은 단지 신앙 체계나 신조 그리고 교의가 아니다. 하느님의 말씀은 **"너희가 그것을 실천하지 않으면, 사실상 너희는 그것을 믿지도 않고 듣지도 않은 것이다"**라고 우리에게 매우 분명히 말씀하신다. 우리가 우리 자신의 힘이나 존엄성 그리고 하느님의 능력을 확신하게 되는 유일한 방법은 선線을 넘음으로써 실제로 그것을 하는 것이다. 이 선은 어느 정도 감각하기 어렵고 증명할 수도 없다. 그래서 우리는 그것을 믿음이라고 부른다. 그 선을 넘을 때, 하느님 나라의 가치가 있다고 믿는 것에 기초하여 새로운 방식으로 행동할 때, 그때에만 우리는 새로운 방식으로 들을 수 있고 우리가 처음에 믿는다고 말한 것을 정말로 믿을 수 있다.

앞으로 몇 년 동안 나는 그리스도교가 단순한 신앙 체계에서 "실천"으로의 초대로 옮겨가는 것을 보게 될 것이다. 이로써 우리는 새로운 차원에서 사물을 깨닫게 될 것이다(예수회는 그것을 "영신수련"이라고 부르고, 감리교는 "성결 방법"이라고 부르며, 간디는 "진리 실험"이라고 불렀다).

이렇게 요약하자. 곧 **우리는 새로운 생활방식에 따라서 자신을 생각하지 않는다. 우리는 새로운 사고방식에 따라서 자신을 살아간다.** 행동과 생활방식의 결정 없이 구체적인 실천이 없다면, 말은 위험하고 대체로 허황된 것이다.

성찰

성령의 능력을 더욱 온전히 깨닫기 위해서 나는 어떤 행동을 취할 수 있는가?

12월 17일

창세 49,1-2.8-10 ▪ 마태 1,1-17

"예수 그리스도의 족보"에는
타마르, 라합, 룻과
"우리야의 아내"가 포함되어 있는데,
이는 바쎄바라는
그녀의 이름을 차마 언급할 수 없기 때문이다.

(마태 1,3.5.6.7 참조)

고통받는 사람들의 권위

예수님을 위해 인위적으로 만들어진 이 족보는 역사적으로 아주 정확한 그 어떤 것보다 훨씬 더 뛰어난 신학적 진술이다. 그런데 놀라운 것은 네 명의 외국인인 비非 유대인 여성을 의도적으로 포함한 것이다. 그 중 적어도 세 명은 성적으로 부도덕하거나 심지어 공적인 "죄인"이었다. 어째서 복음은 그분의 조상 중에 이른바 "말도둑들"이 있다고 말하는 위험을 무릅쓰는가? 그것은 분명히 우리가 그렇듯이 그분도 평범하고, 인간적이며, 부서지고, 죄 많고, 고통받는 세상에서 왔다고 말하고 싶었던 것이다. 그분은 인간의 조건을 완전히 받아들이면서 태어나셨고, 이것이 십자가를 향한 그분의 첫걸음이 된다. 예수님의 실제 생애에서 그분에게 권위가 부여된 것은 바로 그 완전하고 변화된 인간성이다. 아무도 그분이 하느님의 아들이라는 것을 알지 못했다는 것을 기억하라. 사람들은 다른 이유로 그분을 믿었다.

무엇이 우리 중 누구에게라도 삶을 가르치고 설교하며 변화시킬 수 있는 실질적인 권위를 주는가? 서품인가? 직무인가? 가족이나 조상인가? 예복과 직함인가? 예수님은 생전에 어떠한 외적인 검증 때문에 권위가 없었다. 그분은 **당신 메시지의 진정성과 죽음을 통해 부활로 가는 당신 여정의 변형적인 능력 때문에** 권위가 있었다. 그분은 진정한 영의 사람이었기 때문에 권위가 있었다. 오늘날까지도 그것은 영적인 권위의 바탕이다. 진정한 권위는 성경이나 성사, 혹은 서품보다도 "내가 마시는 잔을 너희가 마실 수 있는"(마르 10,38) 것에서 나온다. 예수님은 그 점을 분명히 하신 것 같지만 어떤 이유에서인지 우리는 "그분이 영광을 받으실 때에 그분의 오른쪽과 왼쪽에 앉는 것"(마르 10,37 참조)을 좋아한다.

영적으로 말하면, 권위는 시련과 어둠을 통과하여 훨씬 더 자유롭고 행복하며, 살아있고 퍼져나가는 다른 쪽에서 나온다! **변화된 사람들이 사람들을 변화시킨다.** 이것은 우리 시대에도 여전히 진실이다. 그래서 예수님이 "가난한 사람들"에게 복음을 전하게 된 것은 그들이 복음을 깊이 받아들일 수 있는 독특한 위치에 있었기 때문이다. 고통받는 사람들에게 구원은 추상적인 영적 이론이 아니라 생존전략이다. 이들은 여러분에게 영향을 주고 여러분을 변화시킬 수 있는 큰 힘을 가진 "회복된" 사람들이다. 이는 아마도 신학교 교과서 지식으로 가르친 "율법 학자들과 달리 권위를 가지고 가르치기"(마르 1,22) 때문이다. 우리 자신이 변화하고 고통받으며 치유된 곳에서 우리는 다른 사람들을 효과적으로 변화시킬 수 있다. 머지않아 그것은 더욱 분명해질 것이다.

성찰

하느님께 나를 더 개방하는 데 도움이 되는 가난을 당신 안에서 찾을 수 있는가?

대림
제4주간

대림 제4주일

가해

이사 7,10-14 ▪ 로마 1,1-7 ▪ 마태 1,18-24

나해

2사무 7,1-5.8ㄷ-12. 14ㄱ.16

로마 16,25-27 ▪ 루카 1,26-38

다해

미카 5,1-4ㄱ ▪ 히브 10,5-10 ▪ 루카 1,39-45

그러므로 주님께서

몸소 여러분에게 표징을 주실 것입니다.

보십시오, 젊은 여인이 잉태하여 아들을 낳고

그 이름을 임마누엘이라 할 것입니다.

(이사 7,14)

마리아와 요셉의
무모한 신앙

하느님 나라의 백성은 역사를 만드는 사람들이다. 그들은 이 세상의 작은 나라를 뚫고 대안적이고 훨씬 더 큰 세계, 곧 하느님의 완전한 창조로 나아간다. 여전히 거짓된 자아 속에 사는 사람들은 역사를 멈추는 사람들이다. 그들은 자신의 지위를 보호하기 위해서 그리고 그들을 지탱해주는 세계의 현상 유지를 위하여 하느님과 종교를 이용한다. 그들은 흔히 두려움이 많은 사람들이고, 대부분의 사람이 생각하는 것처럼 생각하고, 예수님의 첫 일성一聲인 "회개"(마르 1,15; 마태 4,17)하는 데 돌파할 힘이 없는, 모든 시대의 선량하고 평범한 사람들이다.

만약 그녀가 훈련받은 대로 생각하는 훌륭한 유대인 소녀처럼 생각했다면, 어떻게 우리는 마리아가 이 메시지를 받아들일 준비가 되었을 것이라고 생각할 수 있을까? 그녀는 하느님께서 그녀의 기대치와 안전한 곳, 지도자를 따르는 순종적인 종교 밖으로 자신을 이끌도록 해야 했다. 그녀는 매우 어렸고 거의 교육받지 못했다. 어쩌면 신학이 아니라 단순한 진실성과 용기가 필요한 길일지도 모른다. 회당에서 들은 어떤 것도 이 상황에 대해 마리아나 요셉을 준비시키지 못했을 것이다. 둘 다 그들의 천사에게 의지해야 했다! 어떤 합리적인 주교가 그런 상황을 믿겠는가? 나도 그렇지 않을 것이다. 우리가 요셉에 대해 알고 있는 것은 "의로운 사람"(마태 1,19)이라는 것뿐이고, 또한 젊고 교육받지 못했을 것이다. 이것은 모두 우리의 기준과 진정성을 평가하는 방법을 모욕하는 것이다.

그런데 어째서 우리는 마리아와 요셉 같은 사람들을 사랑하고 존경하면서 그들의 신앙 여정이나 용기, 종교 체제에 의한 그들의 불안정을 본받으려고 하지 않는 것일까? 이 두 명의 평신도들은 하느님에 대한 자신의 내적 체험을 전적으로 신뢰하고 베들레헴과 그 너머까지 그 체험을 따랐다. 복음서에는 두 사람이 그들의 내적 체험을 대사제들과 회당 혹은 심지어 그들의 유대교 성경에서 확인하였다는 언급이 없다. 마리아와 요셉은 그들의 체험이 참되다는 용기와 무모한 신앙으로 걸어갔고, 그들이 옳다고 확신시켜줄 사람은 아무도 없었다. 그들의 유일한 안전망은 하느님의 사랑과 자비였다. 그들은 틀림없이 이 안전망을 수없이 시험했을 것이다. 그렇지 않았다면 그들은 결코 그토록 우아하게 그 안에 빠져들 수 없었을 것이다.

성찰

내 자신의 내적 권위를 얼마나 신뢰하는가?
내가 그렇게 하면 반항적인 사람이 될까 봐 염려되는가?
마리아와 요셉은 반항적이라고 생각하는가?

12월 18일

예레 23,5-8 ▪ 마태 1,18-24

다윗의 자손 요셉아,
두려워하지 말고
마리아를 아내로 맞아들여라.
그 몸에 잉태된 아기는
성령으로 말미암은 것이다.

(마태 1,20)

말씀을 열기

우리는 케이커 교도나 메노파 교도 같은 사람들에게 배울 점이 많다. 그들은 소수자로 존재하는 것에 잘 훈련되어 있다. 그들은 자신들이 진리라고 생각하는 것을 믿기 위하여 그들 주변에 많은 사람이 있을 필요가 없다. 그들은 작은 그룹으로 모여 하느님의 말씀을 나눈다. 그리고 하느님께 감사하게도 그것은 가톨릭교회에서도 다시 일어나고 있다. 우리는 그들을 라틴 아메리카의 "기초 교회 공동체" 또는 미국과 유럽의 성경 연구 그룹이라고 부른다. 하느님의 말씀을 여는 것은 나 같은 사람이나 신학자 혹은 전문적으로 공부한 사람들의 전유물이 아니다. 만일 그렇다면, 인류의 99%는 결코 하느님의 말씀에 접근할 수 없을 것이다.

이러한 신앙을 나누는 그룹은 전문 교사나 전문가가 아닌, 우리가 소위 조력자나 활력자라고 부르는 사람들이 지도한다. 이들은 그룹을 하나로 묶고 사람들이 계속해서 찾고 기도하게 하기 위해 어떤 질문을 해야 하는지 알고 있다. 그룹들은 복음서 본문을 읽는데, 때로는 세 번을 읽고 나서 다음과 같은 질문을 한다. 곧 본문에서 무엇이 당신을 위협하는가? 본문에서 무엇이 당신을 흥분하게 하는가? 본문에서 정말로 도전적인 것은 무엇인가? 당신은 예수님이 참으로 말씀하시고자 하는 것이 무엇이라고 생각하는가? 예수님이 그 특별한 이야기를 말씀하셨을 때 세상의 상황은 어떠했는가? 오늘날 이 본문을 적용할 수 있는 비슷한 상황이 있는가? 아니면 오늘의 복음에서 이렇게 질문할 수 있다. "당신은 요셉이 무슨 일이 일어나고 있는지 정말로 알았다고 생각하는가? 마리아에 대한 그의 믿음, 그의 꿈과 천사들의 환시는 실제로 일어난 일일까? 아니면 믿음이었을까?" 그러한 질문은 허용되고 권장된다.

비슷한 교육을 받은 소수의 선별된 그룹의 사람들만이 모든 사람에게 하느님이 어떤 분이신지를 가장 잘 이해시킬 수 있다는 생각은 어디에서 온 것일까? 하느님의 말씀이 가난한 사람들에게 다시 주어지고 있다. 하느님의 말씀이 교육받지 못한 사람들과 감옥에 갇힌 사람들에게 다시 주어지고 있다. 하느님의 말씀이 여성들에게 다시 주어지고 있다. 하느님의 말씀이(가톨릭교회의 우리를 위해) 비非 독신자들에게 다시 주어지고 있다. 하느님의 말씀이 종교 체계의 일꾼들이 아닌 다른 사람들에게 다시 주어지고 있다. 우리가 발견하는 것은 하느님의 말씀이 활기차고 진실하게 읽히며, 종종 흥미롭고 훨씬 더 도전적이면서도 우리가 이전에 그것을 이해했는지 궁금할 정도로 자유롭게 읽히고 있다는 것이다. 한번 해 보라. 이것은 교회와 성경의 권위를 떨어뜨리는 것이 아니라 오히려 증가시킬 것이다. 왜냐하면 우리 가운데 영적인 성인成人을 갖게 되기 때문이다. 영적인 성인은 과민하게 반응하거나 이원론적으로 생각하지 않고, 듣고 배우고 성장한다.

성찰

내가 복음에서 놓친 단순한 메시지는 무엇인가?

12월 19일

판관 13,2-7.24-25 ▪ 루카 1,5-25

그런데
그들에게는 아이가 없었다.
엘리사벳이
아이를 못낳는 여자였기 때문이다.
게다가 둘 다 나이가 많았다.

(루카 1,7)

사회적 수용의
입장에 서서

오늘 말씀에서 우리는 메마른 땅이나 임신할 수 없는 여성의 두 가지 예를 볼 수 있다. 삼손의 어머니와 세례자 요한의 어머니 엘리사벳이다. 당시 족장의 아내들 사이에서 이 주제는 너무나 흔해서 이스라엘의 우수성에 문제가 있는지 궁금해한다. 하지만 메마른 땅이나 불임은 다른 상징일 수 있다. 어쩌면 모든 치유 이야기는 의학적인 치료에 관한 것이 아니라 실제적인 변화일 것이다. 예수님은 종종 사람들이 당신의 육체적인 치료에 관해 이야기하는 것을 원하지 않으셨다. 놀랍지 않은가? 왜 그러셨을까? 그 까닭은 의학적인 치료가 핵심이 아닌데, 대부분의 사람이 여기서 멈추기 때문이다.

네 복음서에는 다른 어떤 이야기보다 나병 환자를 고쳐주시는 이야기가 더 많다. 예수님은 언제나 나병 환자를 고쳐주신다. 사실 신약성경에서 나병은 광범위한 용어이다. 나병은 오늘날 우리가 한센병이라고 부르는 것을 의미하지는 않는다. "나병 환자"는 어떤 이유에서인지 육체적으로 받아들일 수 없다는 말을 들은 사람들이었다. 그들은 온갖 종류의 이유로 금기시되고, 전염성이 있거나 장애가 있고, 위험하거나 배제된 사람들로 간주되었다. 나병 환자라는 말에 담긴 메시지는 "당신은 옳지 않아" 혹은 "당신은 사회의 일원으로 받아들여질 수 없어"라는 것으로 보인다. 모든 사회가 이렇게 하고, 우리도 그렇게 하지만, 단지 방식과 기준이 다를 뿐이다.

예수님께서 나병 환자를 받아들이실 때 그분은 항상 그들에게 손을 대시고, 종종 그들을 인도하거나 새로운 곳으로 보내신다. 그분은 변함없이 그들을 공동체에 다시 소개하고 그들의 사회적 지위와 수용성을 회복시키신다. 그분은 사회가 그들을 다시 받아들일 수 있게 하신 것이다. **그것이 치유이다!** 나병 환자는 이제 쓰고 버려도 되는 사람이 아니다. 복음서는 또한 예수님께서 나병 환자와 육체적으로 접촉하는 것을 강조하는데, 물론 그 행동은 **예수님**을 의례상 부정하게 만든다. 예수님의 연민은 결국 나병 환자의 고통과 연대하는 행위이기도 하다. 말하자면, 그분은 그들과 자리를 바꾸신다. 복음은 여러 곳에서 예수님 자신이 이제 그 고을에 들어갈 수 없다고 말할 때 이것을 분명히 한다(마르 1,45 참조).

아이 못 낳는 여성과 나병 환자들은 물론 고전적인 "이전"의 그림으로 우리 모두를 대변한다. 아이 낳는 여자와 치유되어 사회로 돌아간 나병 환자들은 또한 승리한 "이후"의 그림으로 우리 모두를 대변한다. 하느님과의 진정한 만남은 우리 모두를 영적으로 비옥하게 하고 인간적으로 연결되게 한다.

성찰

나의 공동체에서 누가 거부당했는지 아는가?
그리고 나는 그가 치유될 수 있게 공동체에 다시 소개할 수 있는가?

12월 20일

이사 7,10-14 ■ 루카 1,26-38

이 말에 마리아는 몹시 놀랐다.
그리고
이 인사말이 무슨 뜻인가 하고
곰곰이 생각하였다.

(루카 1,29)

하느님의 뜻에 대한 열망

 종교적 순종은 어느 정도의 수준에서 결과를 내려놓고 더 큰 그림을 신뢰하려는 의지를 의미한다. 이것이 바로 엄청난 수태고지를 받은 마리아가 취한 행동에서 우리가 보는 것이다. 신앙의 순종 안에서 우리는 그것이 더 깊은 수준에서 참되기 때문에 무엇인가를 한다. 아마도 우리는 더 깊은 수준에서 부르심을 받았다고 느낀다. 그것이 즉시 효과가 있고 이치에 맞거나 "성공"의 가능성을 보여주기 때문이 아니다. 종종 우리는 더 크거나 장기적인 결과를 신뢰하기 위해 당장 눈앞의 결과를 내려놓아야 한다. 테레사 수녀는 "우리는 성공하기 위해서가 아니라 순종하기 위해서 창조되었다"라고 말하기를 좋아했다. 순종은 우리의 가장 깊은 음성에 충실하는 것이고, 이것이 하느님께서 우리에게 말씀하실 수 있는 유일한 방법이다. 하지만 그것은 우리가 더 깊은 음성을 가져야 한다는 것을 의미한다! 우리의 무의식과 다른 사람들 그리고 심지어 "모르는 사이에 천사들을 접대하는"(히브 13,2 참조) 것까지 우리는 기도하는 마음으로 듣는 연습을 해야 한다. 그렇지 않았다면 마리아는 어떻게 가브리엘 천사를 맞아들일 수 있었을까?

거의 혼자서 히틀러에 저항했던 오스트리아 농민 프란츠 예거스테터Franz Jägerstätter가 그러했듯이 머지않아 우리는 "제가 해야 할 일을 할 따름입니다"라고 말해야 한다. 당신은 하느님의 말씀에 그런 식으로 사로잡힌 적이 있는가? "나는 그저 내가 그것을 해야 한다는 것만 알아요. 제 가족은 이해하지 못하고, 친구들은 저를 비난하지만, 저는 그것이 저를 위해 지금 제 마음에 심어진 말씀이라는 것을 압니다." 그럴 때 사람들은 매우 외롭고 의심이 들기도 할 것이다. 그러나 결국 **"하느님의 뜻은 무엇보다도 하느님의 뜻을 실행하고자 하는 열망이다."** 자기 자신보다 하느님을 중심에 둔 사람들은 언제나 더 큰 음성을 듣는다. 그런 사람들은 자기가 왜 그러해야 하는지 증명할 수는 없어도 무엇을 해야 하는지 알고 있다. 그들은 반드시 해야 할 일을 하려는 열정을 가지고 있다. 복된 프란츠 예거스테터는 교회나 교회의 가르침, 주교와 교구 사제, 심지어 그의 아내로부터도 지지받지 못했다(그녀는 눈물을 글썽이며 나에게 털어놓았다!).

마리아는 신앙의 어둠 속에서 "예"를 말했다. 그녀는 불확실했고, 성경 구절이나 교리 혹은 교황이 그녀를 보증한 것도 아니었다. 그녀는 단지 그녀가 들은 것을 듣고, 하느님이 그녀에게 하라고 하신 것을 했으며, 결과를 받아들였을 뿐이다. 그녀는 외부의 이러저러한 많은 권위가 필요하지 않을 만큼 충분한 내적 권위를 가지고 있었다.

성찰

나는 하느님의 뜻을 실행하려는 열망을 어떤 방법으로 가질 수 있는가?

12월 21일

아가 2,8-14 또는 스바 3,14-18ㄱ
루카 1,39-45

행복하십니다,
주님께서 하신 말씀이
이루어지리라고 믿으신 분!

(루카 1,45)

참된 종교

관상이라는 선물에 관한 한 세계의 모든 주요 종교는 매우 비슷한 결론에 이르렀다. 힌두교, 유대교, 불교, 동방 종교 등 모든 종교는 각각 고유한 방식으로, 결국 우리가 변화된 의식과 새로운 정신 또는 어떤 식으로든 두 번째 "다시 태어남"으로 불림 받는다는 데 동의한다. 각 종교는 그에 대한 다른 용어와 다른 경험을 가지고 있겠지만, 어쨌든 모두 신과의 결합을 가리키고 있다. 종교는 결합에 관한 것이다. 어떻게든 신과 의식적으로 결합하여 사는 것은 "구원됨"을 의미한다.

종교(religio)라는 단어는 "다시 묶는다." 곧 현실을 한데 다시 묶는 것을 의미하는데, 우리가 예수님이 하신 것처럼 "아버지와 나는 하나다"(요한 10,30)라는 것을 알 수 있도록 사물을 다시 연결하는 것이다. 그곳에서 사는 것은 위대한 결합을 경험하고 누리는 것이고, "저는 그들 안에 있고 아버지께서는 제 안에 계시는"(요한 17,23) 모든 것이 하나 되는 곳에서 사는 것이다. 세계의 종교들이 그만큼 성숙해지면 더는 경쟁이나 대립, 문명이나 전쟁이 아니라 실제로 변화한 사람들(갈라 6,15-16 참조)에 기반을 둔 새로운 역사를 갖게 될 것이다. 이 사람들은 마리아가 그랬듯이 세상을 바꿀 것이다. 왜냐하면 그들은 변화의 주체가 자기들이 아니라는 것을 알기 때문이다. 그들은 바꿔야 할 사람이 다른 사람이 아니라 바로 자기 자신이라는 것을 알게 될 것이다. 하느님은 거기서부터 이끌어 가신다.

성찰

나의 기도 생활에 어떻게 관상의 선물을 가져올 수 있는가?

12월 22일

1사무 1,24-28 ▪ 루카 1,46-56

그분께서는 당신 팔로 권능을 떨치시어
마음속 생각이 교만한 자들을 흩으셨습니다.
통치자들을 왕좌에서 끌어내리시고
비천한 이들을 들어 높이셨으며
굶주린 이들을 좋은 것으로 배불리시고
부유한 자들을 빈손으로 내치셨습니다.

(루카 1,51-53)

권력, 명예, 소유

 예수님의 일관된 가르침과 마리아의 위대한 노래(마니피캇)에서 둘 다 하느님의 통치가 도래하는 데 세 가지 주요 장애물이 있다고 말한다. 나는 그것들을 세 가지 P라고 부르는데, 곧 권력(power), 명예(prestige), 소유(possessions)이다. 마리아는 그들을 "교만한 자", "왕좌의 통치자들", "부유한 자"라고 부른다. 하느님께서는 이들을 "흩으시고", "끌어내리시고", "빈손으로 내치셨다"고 마리아는 말한다(아르헨티나 정부는 마리아의 이 위대한 기도를 너무 전복적인 것으로 간주하여 시위행진에서 공개적으로 암송하는 것을 금지했다!). 우리는 예수님 가르침의 10분의 9를 쉽사리 골라서 다음의 세 가지 범주, 곧 하느님이 오시는 데 장애물인 권력욕과 명예욕, 소유욕 중 하나에 분명하게 정렬할 수 있다. 어째서 우리는 그것을 볼 수 없었을까?

 어떤 이유에서인지 우리는 정신이나 마음, 영보다는 우리의 몸에 악을 더 국한하는 경향이 있다. 우리는 육신을 몹시 부끄러워하고, 우리의 수치심은 언제나 술과 마약, 섹스나 과식, 신체 이미지 같은 중독성 있는 것들에 있다. 그래서 하느님께서 예수님 안에서 **육체**가 되셔야 했는지도 모른다! 하느님께서는 우리에게 인간의 몸이 되는 것이 좋다고 말씀하실 필요가 있었다. 이것이 성탄절 메시지의 중심이고 핵심이다.

나는 분명히 올바른 성윤리를 찬성하지만, 예수님은 이것이 핵심 문제라고 말씀하신 적이 한 번도 없다. 성적인 문제는 악의惡意나 권력보다는 약함이나 중독의 죄인 경향이 있다. 사실 예수님께서는 권력이나 명예, 소유로 손쉽게 동료를 만든 우리 중 일부 앞에서 "창녀들이 너희보다 먼저 하느님의 나라에 들어간다"(마태 21,31)고 말씀하신다. 권력, 명예, 소유는 마음을 마비시키고, 매우 자기중심적으로 판단하게 하며, 일반적인 영적 인식을 둔하게 하는 태도이다. 어떤 이유에서인지 그리스도교 역사의 많은 부분이 그렇게 보려 하지 않았고, 우리는 예수님이 했던 것과는 다른 곳에 악을 국한했다. 큰 그림을 거의 볼 수 없게 만드는 것은 우리가 정신과 마음으로 짓는 죄이다(마태 5,20-48 참조). 이 가르침은 눈에 잘 띄지 않게 숨겨져 있지만 일단 본문을 따라가며 자세히 들여다보면, 우리는 더 이상 그것을 보지 못할 수 없다. 마리아는 오랫동안, 깊고 사랑스럽게 본 것 같다.

성찰

권력이나 명예, 소유가 하느님 나라에 들어가는 것을 어떻게 방해하는가?

12월 23일

말라 3,1-4.23-24 ▪ 루카 1,57-66

그가 오는 날을 누가 견디어 내며 그가 나타날 때에 누가 버티고 서 있을 수 있겠느냐? 그는 제련사의 불 같고 염색공의 잿물 같으리라. 그는 은 제련사와 정련사처럼 앉아 레위의 자손들을 깨끗하게 하고 그들을 금과 은처럼 정련하여 주님에게 의로운 제물을 바치게 하리라. 그러면 유다와 예루살렘의 제물이 옛날처럼, 지난날처럼 주님 마음에 들리라. …… 보라, 주님의 크고 두려운 날이 오기 전에 내가 너희에게 엘리야 예언자를 보내리라. 그가 부모의 마음을 자녀에게 돌리고 자녀의 마음을 부모에게 돌리리라. 그래야 내가 와서 이 땅을 파멸로 내리치지 않으리라.

(말라 3,2-4.23-24)

직면, 전환, 위로

구약성경은 말라키 예언자의 이 말씀으로 마무리되고, 이 구절들은 신약성경으로의 전환을 완벽하게 이어지게 한다. 이 구절들은 장차 오실 메시아에게 적합한 선구자가 될 사람을 묘사한다. 물론 그리스도인들은 예수님 자신과 복음사가들이 이미 했던 것처럼 대체로 이 구절을 세례자 요한에게 적용했다. 그러나 이 본문에는 더 많은 의미가 담겨 있다. 매우 적은 구절에서 하느님 말씀의 적절한 순서를 도표화할 수 있다. 성경이 성숙하게 사용되고 그리스도를 만나는 전조가 될 때 성경은 다음의 순서로 진행한다.

1. 성경은 우리의 잘못된 세계관을 "해체"할 수 있는 잠재력을 가진 "하느님의 나라"라는 우리가 익숙한 것보다 더 큰 그림을 가지고 우리를 **직면한다**.
2. 그런 다음 성경은 우리로 하여금 — 낮은 수준의 동

기인 수치심과 죄의식, 두려움이 아니라 — 선포와 은총 그리고 진선미의 순수한 매력을 통해 대안적 세계관으로 **전환하게** 한다. 익명의 알코올 중독자 모임의 공동 창설자인 빌 윌슨Bill Wilson은 "홍보가 아니라 매력"이라고 말했다.

3. 그러고 나서 성경이 새 정신과 새 마음으로 우리를 새로운 장소에서 "재건"할 때, 성경은 우리를 **위로하고** 깊은 치유를 가져온다.

말라키 예언자는 하느님의 전령이 하는 일을 "크고 두려운", 놀랍고도 위협적이라고 묘사한다. 하느님의 말씀이 불과 유황으로 우리를 위협하는 것이 아니라 **"선은 제가 받아 마땅한 상을 받고 악은 제가 받아 마땅한 벌을 받는다"**고 말하는 것이다. 우리가 진리를 실행하고 참세상과 결합하여 살면 우리는 축복을 받고 은총이 흘러넘치며 큰 그림을 직면하는 데서 위로가 뒤따를 것이다. 반대로 우리가 분리와 자기중심성의 거짓 세상을 만들면, 그것은 소용이 없을 뿐더러 우리는 지금도 그 결과를 겪을 것이다. 가톨릭 신학에서 우리는 이것을 "자연법"의 전통이라고 부른다. 간단히 말해서, 우리는 우리의 죄에 **대해서** 벌을 받는 것이 아니라 우리의 죄로 **인하여** 벌을 받는 것이다!

우리는 항상 그리스도께서 새롭게 태어나는 "마구간"이다. 우리가 정말로 할 수 있는 것은 우리의 마구간을 정직하고 겸손하게 유지하는 것뿐이고, 그렇게 할 때 그리스도께서는 반드시 태어나실 것이다.

성찰

나에게 위로를 주고 도전하게 하는 복음 구절을 찾아보자.

12월 24일, 성탄절 전야

아침

2사무 7,1-5.8ㄷ-12.14ㄱ.16

루카 1,67-79

저녁

이사 62,1-5 ▪ 사도 13,16-17.22-25

마태 1,1-25

나의 종 다윗에게 가서 말하여라. '주님이 이렇게 말한다. 내가 살 집을 네가 짓겠다는 말이냐? …… 나는 양 떼를 따라다니던 너를 목장에서 데려다가, 내 백성 이스라엘의 영도자로 세웠다. 또한 네가 어디를 가든지 너와 함께 있으면서, 모든 원수를 네 앞에서 물리쳤다. …… 나는 너의 이름을 세상 위인들의 이름처럼 위대하게 만들어 주었다. 나는 내 백성 이스라엘을 위하여 한 곳을 정하고, 그곳에 그들을 심어 그들이 제자리에서 살게 하겠다. 그러면 이스라엘은 더 이상 불안해하지 않아도 되고, 다시는 전처럼, 불의한 자들이 그들을 괴롭히지 않을 것이다. …… 주님이 너에게 한 집안을 일으켜 주리라고 선언한다. …… 너의 집안과 나라가 네 앞에서 영원히 굳건해지고, 네 왕좌가 영원히 튼튼하게 될 것이다.

(2사무 7,5.8.9.10.11.16)

모든 것이 준비됨

아마도 성탄절 전날 아침에 묵상 글을 읽는 사람은 많지 않을 것이다. 오늘 해야 할 흥분되고 기대되는 일들이 너무 많다는 것을 알기에 시간을 내어 이 글을 읽고 있는 여러분을 축하한다. 모든 것이 준비되었다. 일 년 중 12월 24일만큼 기대되는 것이 많은 날은 없을 것이다. 대림 시기의 모든 기운이 한데 모아져 있기 때문에 오늘이 성탄절 당일 날보다 더 성탄절 같다. 때가 찼다(루카 2,6). 오늘 아침에 교회에 오는 사람은 거의 없다. 몇 가지 멋진 이유로 모든 관심이 오늘 밤에 집중된다.

하지만 오늘 아침 미사의 첫 번째 독서는 특히 가슴 저미고, 사실 내가 좋아하는 구절 중의 하나인데, 오늘 그것을 듣는 사람이 거의 없기 때문에 안타깝다. 이 독서는 예언자 나탄과 다윗 왕 사이에 이루어진 멋진 대화인데, 그중 일부를 위에서 읽었다. 이러한 측면의 변화는 위대한 전환인데, 여기서부터 은총과 선택 그리고 하느님의 주도권이 성경의 중심 주제가 된다. 우리는 다윗처럼 하느님께 우리 자신을 증명하기 위해서 무엇인가를 해야 한다고 생각하면서 출발했다. 가령, "하느님이 살 집을 짓는 것"과 같은 것인데, 이는 비유이다. 그리고 늘 그렇듯이 하느님은 상황을 반전시키며 말씀하신다. "아니다. 다윗아, 내가 **너에게** 집을 지어줄 것이다."(원하면 사무엘기 하권 7장을 모두 읽어라. 꽤 아름답기 때문이다.)

이 이야기가 우리의 무의식 속에 스며들게 할 때이다. 내가 할 수 있는 어떤 말보다 이것이 하루 앞으로 다가온 그날을 위해 우리를 완전히 준비시켜 줄 것이다.

성찰

나는 아직도 하느님께 집을 지어드리려 하는가? 아니면 하느님께서 먼저 나를 위하여 집을 짓게 해드리는가?

12월 25일, 성탄절

밤
이사 9,1-6 ▪ 티토 2,11-14 ▪ 루카 2,1-14

새벽
이사 62,11-12 ▪ 티토 3,4-7 ▪ 루카 2,15-20

낮
이사 52,7-10 ▪ 히브 1,1-6 ▪ 요한 1,1-18

말씀이 사람이 되시어 우리 가운데 사셨다.

우리는 그분의 영광을 보았다.

은총과 진리가 충만하신 아버지의

외아드님으로서 지니신 영광을 보았다.

(요한 1,14)

무릎 꿇을 분

 이 성탄 날에 20세기 저술가 체스터톤G.K. Chesterton의 말을 인용하면서 시작하자. "사람은 자기 목숨보다 값진 것을 발견할 때 비로소 살기 시작한다." 예수님은 하느님 나라를 선포하시면서 우리가 자기 목숨보다 값지게 여겨야 하는 것이 무엇인지를 말씀하셨고, 그러면 살 것이라고 말씀하셨다. 성경은 "오십시오, 주 예수님"(묵시 22,20)이라고 말할 수 있는 사람, 평소의 일보다 더 많은 것을 기꺼이 받아들이고 하느님의 큰 그림 안에서 살아가는 사람이 되라는 부르심을 받았다고 말하면서 끝맺는다. 예수님 안에서 이 세상에서 볼 수 있게 된 공유된 생명, 하나인 생명, 영원한 생명, 하느님의 생명이 우리에게 주어졌기 때문에 우리는 우리의 작은 생명보다 값진 것에 대한 은총을 구해야 한다. 우리가 옳다고 해서 거기에 도달하는 것은 아니다. 우리는 연결할 수 있게 허용함으로써 그곳에 도달한다. 그것은 마치 무료 무선 연

결과 같다!

하느님 나라는 마침내 주님이신 예수님 자신으로 확인될 것이다. 성탄 날에 "오십시오, 주 예수님"이라고 말할 때 우리는 다른 통치 체제나 다른 최종적인 기준보다 그분의 주권을 우위에 두는 것이다. 예수님이 주님이면 카이사르는 아니다! 예수님이 주님이면 경제나 주식시장은 아니다! 예수님이 주님이면 내 집과 소유물, 가족이나 직업은 아니다! 예수님이 주님이면 나는 아니다! "카이사르는 주님이다!"라는 말이 제국에 대한 충성도를 시험하는 것이자 정치적인 홍보 문구였기 때문에 1세기 로마 제국의 구성원들에게 이러한 다단계적인 함의는 분명했다. 사람들이 그들의 구세주로 로마 황제 대신에 예수를 주님으로 맞이했을 때, 그들과 다른 사람들은 그들이 "당파"를 바꾸었다는 것을 알았다.

우리가 모두 찾고 있는 것은 우리가 무릎 꿇을 분, 우리의 목숨보다 더 귀하게 여길 무엇이다. 자, 여기에 경이로운 놀라움이 있다. 곧 우리 자신을 잃지 않으면서 무릎 꿇을 수 있는 유일한 분은 하느님이시라는 것이다. 아이러니한 것은 우리가 이제 완전히 새로운 의미의 장場에서 자신을 발견한다는 것이다. 이것은 우리가 살면서 큰 사랑을 경험할 때마다 낮은 수준에서 일어나지만, 언제나 앞선 신앙을 한 단계 도약시킨다. 물론 우리가 미리 사실일 것이라고 확신할 수는 없다. 이것은 분명 우리의 의식에 반하지만, "은총과 진리가 충만한" 이 성탄 날에 세상에 들어온 약속이다. 예수님은 모든 사람과 모든 피조물에게 전적으로 무상으로 주어진 선물이다. 이 부활하신 우주의 그리스도는 참으로 **무료 무선**이고, 우리가 해야 할 일은 연결만 하면 되는 것이다.

이제부터 인류는 **사람이 되는 것이 좋고, 이 땅에 사는 것이 좋은 것이며, 육신을 갖는 것이 좋다**는 것을 알 권리가 있다. 왜냐하면 하느님은 예수님 안에서 우리의 인성을 택하시고 "그렇다"고 하셨기 때문이다. 아니면 우리 프란치스칸들이 즐겨 말하는 것처럼 "육화는 이미 구원이다." 문제는 해결되었다. 이제 가서 남은 모든 날을 완전히 즐겨라. "항상 대림절"일 뿐만 아니라 이제는 매일이 성탄절이 될 수 있다. 우리가 기다린다고 생각한

분이 **오셨고, 영원히 오시기** 때문이다.

성찰

오늘은 그저 "맛보고 눈여겨보아라. 주님께서 얼마나 좋으신지!"(시편 34,9)